PROYECTOS COMUNITARIOS
E
INVESTIGACIÓN CUALITATIVA

ARNOLDO CLARET VELIZ

DEDICATORIA

Al pensamiento, al conocimiento, al intelecto, al sentir, crear, participar, accionar y transformar con apertura, sin dogmas, ni fanatismos.

A los seres humanos que son capaces de convertir sus sueños en realidades para vivir con alegría y plenitud.

A las personas que mantienen sus ideales, sus más caros anhelos y profundas convicciones, a pesar de cualquier cosa, como muestra de integridad; arriesgándose y asumiendo la responsabilidad de sus acciones, independientemente de los resultados. De esta forma son felices, fieles a sí mismo, viven a su manera, con respeto por ellos y por los demás.

A aquellos que son capaces de dar lo mejor de sí mismos para promover e impulsar a sus pueblos, a sus terruños y a sus comunidades, enalteciendo sus raíces en todo sentido.

A los que se apasionan por transformar el entorno: organizaciones, comunidades y/o pueblos, en pro de un mundo más humano, con calidad de vida, prosperidad y elevación de las oportunidades para crecer, triunfar, evolucionar y tener éxito al más alto nivel.

AGRADECIMIENTO

Al Lic. Félix Manuel López Morales, por su apoyo en la compilación del material sobre investigación cualitativa, del cual se extrajo alguna información para este texto y quien ha crecido como asesor metodológico en el área de Ciencias de la Salud.

A mi colega y querida amiga María Magdalena Romberg, por su ayuda paciente e incondicional en la trascripción de datos, corrección del estilo y su actitud de humor que convertían cada jornada en un verdadero placer y disfrute.

A la leal, consecuente y colaboradora, Lic. Yazmín Mendoza Cambero, quien es como mi hermana, por su respaldo en la búsqueda de información referente al tema del libro y por su apoyo en la organización del texto.

1

A Mario Rosendo por su apoyo logístico en las diversas jornadas para la concreción de este objetivo.

Al Lic. José Alejandro Cambero Véliz (Chelano) por suministrarme un libro y concederme una entrevista para conocer la experiencia exitosa del movimiento de cooperativismo Cecosesola, en Barquisimeto, Estado Lara, para brindar una visión que puede servir como una referencia válida en las iniciativas que se adelantan en la materia, actualmente en el país, para impulsar proyectos comunitarios.

Introducción:

Las Tesis de grado no han sido eliminadas. Simplemente han variado las modalidades para la presentación del Trabajo Especial de Grado. Sin embargo, éstas se insertan en la misma visión. Un proyecto Comunitario por ejemplo, encaja en un proyecto factible con algo de menor rigurosidad. La investigación cualitativa corresponde al paradigma post positivista y todavía en la mayoría de las Universidades se continúa trabajando con el método cuantitativo o positivista.

Lo que quiere decir, que lo importante es tener una visión global de todas las modalidades de investigación y estar consciente que cada una tiene pro y contras y, por lo tanto, lo pertinente es tener esa visión holística. Seleccionar el método dependiendo del alcance que queramos darle a nuestro trabajo de investigación sin que éste se convierta en algo muy complejo o imposible de realizar.

Es más, se debe continuar con esta exigencia de realizar un trabajo especial de grado, como requisito para otorgar un título de cualquier nivel y muestra de las destrezas que siempre requerirá el egresado, para resolver cualquier problema en su vida profesional. Inclusive, en Universidades como la Simón Rodríguez donde se eliminó la defensa en el pregrado, los estudiantes deben pensar que si van a realizar un postgrado o maestría, tendrán que defender ese trabajo en el futuro y asimismo, la eliminación de la defensa, es un riesgo, porque cómo demuestra el tesista que fue él quien realizó su tesis, si no la defiende.

En esta institución suprimieron dicha defensa, como se señaló anteriormente y la actividad del estudiante consiste en realizar un trabajo o proyecto que defiende frente a un tutor y no frente a un jurado examinador.

El sustento o justificación de efectuar una investigación bajo el modelo cualitativo, es que aproxima más al investigador con la realidad en la cual realiza su trabajo, al interactuar con las personas involucradas en la problemática o temática objeto de estudio. Este paradigma o enfoque

abarca los estudios etnográficos, las historias de vida y la investigación acción participativa y transformadora.

Algunos autores y promotores de esta modalidad, también aluden a la flexibilidad y cierta permisología metodológica para elaborar la estructura del trabajo, las formas de recabar la información y diseñar el planteamiento del problema a través de procesos inductivos y darle un estigma más veraz, real a la formulación del marco teórico. No obstante, esto no le resta rigurosidad al proceso de investigación, ni mayores ventajas para el logro de sus objetivos. Por ejemplo, se parte de procesos de investigación a través de la descripción y la observación, pero éstas requieren, como en los trabajos cuantitativos, de sistematización. De lo contrario, se corre el riesgo de que el investigador se disperse con respecto a las metas planteadas en su trabajo.

El hecho de que tenga mayor libertad para aproximarse al objeto de estudio, no significa que pueda diluirse en una búsqueda sin horizonte. Inclusive, aún cuando no se parte de instrumentos rígidos para recabar la información, hay que tener guías de observación o entrevistas semi estructuradas para recabar los datos y enriquecerlas o reorientarlas con el feed back o respuestas emanadas del contexto de la investigación y de los actores o sujetos que lo conforman. Por ejemplo, no puede llevar todas las preguntas formuladas, sin embargo, debe contar con un guión mínimo de interrogantes, las cuales además deberán ser lo suficientemente sencillas y claras para quienes se les aplicará o constituyen los sujetos a abordar.

Otro aspecto que hay que tomar muy en cuenta es que el autor requiere de un gran dominio del lenguaje escrito para sistematizar, presentar los datos obtenidos, a través del informe escrito. Sabemos las limitaciones que tiene el estudiante en este sentido, por las deficiencias de su formación educativa. Cuando concluya su investigación, el alumno tendrá que dedicarse a plasmar rigurosamente sus hallazgos, mediante la descripción. Es decir, convertirse en una especie de periodista brillante. Este producto elaborado por el investigador requiere además de otras cualidades como suficiente claridad, concreción y fluidez en el manejo de las ideas y del lenguaje en general.

Con respecto a los proyectos comunitarios, cabe destacar que no constituyen algo nuevo. En el marco de algunas carreras como Trabajo Social, Sociología, entre otras, durante el desarrollo del Pensum de la

Carrera se les exigía a los cursantes, la elaboración de este tipo de proyectos con una connotación social. El auge de esta clasificación obedeció a la promulgación de la Ley de Servicio Comunitario del Estudiante de Educación Superior, publicada en la Gaceta Oficial Nro. 38.272, de fecha 14 de septiembre de 2005 y su reglamento. Esta ley es de obligatorio cumplimiento en el último año o semestre de las carreras universitarias.

En otro orden, se ha producido un auge o compromiso de las empresas en el entorno en el cual actúan, específicamente con la comunidad. Es decir, se cuenta con mayores iniciativas de responsabilidad social empresarial en la actualidad. En opinión de algunos ejecutivos del sector bancario, por ejemplo, sino se mejora la calidad de vida de las personas del entorno donde la organización interactúa, con qué clientes va a contar la banca. Pareciera entonces que se ha generado una mayor conciencia de la prosperidad colectiva.

El formato de contenido para la elaboración de un proyecto comunitario se inserta en la modalidad de algunas de las etapas de un proyecto factible que corresponde al paradigma positivista o método cuantitativo, para elaborar un trabajo de grado. Entre estas fases o etapas, cabe destacar la descripción de la problemática, su ubicación en una comunidad específica, la formulación de objetivos, el diseño de cronogramas para la ejecución del proyecto, el manejo de fondos presupuestarios, la determinación de responsables para su consecución y estructurar alianzas con organismos públicos y/o privados que garanticen o le den viabilidad.

Tanto en el proyecto factible como en el proyecto comunitario, se da una respuesta operativa y práctica a un problema.

Según el Manual de la UPEL (2003) el proyecto factible

Consiste en la investigación, elaboración y desarrollo de una propuesta de un modelo operativo viable para solucionar problemas, requerimientos o necesidades de organizaciones o grupos sociales; puede referirse a la formulación de políticas, programas, tecnologías, métodos o procesos. El proyecto debe tener apoyo en una investigación de tipo documental, de campo o un diseño que incluya ambas modalidades (Pág. 16).

Cómo se puede observar en la definición anterior, en estos dos tipos de investigación se requiere recabar datos en el campo que se pretende intervenir. Bien sea un proceso, un problema particular ubicado en alguna comunidad o grupo social, del cual se levanta información que puede ser en términos de fortalezas y debilidades.

En un proyecto comunitario también es muy importante la delimitación o alcance, porque así como en un trabajo especial de grado, ésta permite concretar y mayor profundidad en la investigación, en un proyecto comunitario facilita una mayor factibilidad y control en su ejecución.

Adicionalmente, la ley del servicio, contempla que el estudiante debe prestar 120 horas de trabajo comunitario no remunerado.

Como se desprende de la exposición anterior, no existen cambios mayores para presentar el Trabajo Especial de Grado. En este texto se presentan los elementos necesarios para clarificar las dudas generadas en el contexto de las investigaciones exigidas en la actualidad para alcanzar el titulo o grado académico. Específicamente, se tratan estás modalidades de investigación cualitativas y proyectos comunitarios.

El objetivo es ofrecer al investigador, así como a los tutores, asesores y otros componentes, una visión clara, precisa, sencilla, comprensible, con ejemplos que permitan a los actores señalados, abordar, transitar con éxito el camino del apasionante mundo de la investigación bajo estos enfoques. En consecuencia, el libro servirá de apoyo para que los estudiantes, investigadores y responsables o líderes de sus comunidades, formulen los Proyectos Comunitarios.

Una de las limitaciones en materia de planificación y gestión local ha sido siempre, partir de modelos o enfoques muy complejos y pocos comprensibles para involucrar a las comunidades, como es el caso de la planificación normativa, la planificación estratégica situacional, por nombrar sólo algunos de los métodos más conocidos.

PROYECTOS COMUNITARIOS

Guía práctica para la formulación de proyectos comunitarios.

Estrategias metodológicas.

¿Qué es un proyecto?

En el manual para la presentación de proyectos comunitarios de la escuela de emprendedores de Venezuela, un proyecto se define como un esfuerzo temporal emprendido para crear un producto o un servicio único. Así, el resultado final buscado, puede diferir con la misión de la organización que la emprende, ya que el proyecto tiene determinado específicamente un plazo y el esfuerzo es temporal. En el citado manual también se conceptualiza un proyecto comunitario como el conjunto de actividades orientadas a satisfacer o resolver las necesidades más urgentes y apremiantes de una comunidad. Está orientado fundamentalmente por quienes forman parte de la comunidad, puesto que son quienes conocen la situación real de la zona.

Por su parte en el Manual de Formulación de Proyectos Sociales del programa de capacitación y desarrollo del taller acreditado por la Universidad Católica Andrés Bello, se refiere a este tipo de proyectos como el conjunto organizado de acciones, realizadas ordenadamente durante un período determinado, que responden a una demanda o problema con el propósito de ofrecer una solución que generalmente es la prestación de un servicio.

En ese orden, también se establece una diferencia entre proyectos sociales o comunitarios y proyectos de investigación social. Los primeros tienen que ver con intervención, de actuación que pretenden generar soluciones o respuestas a un problema social que se aborda. Los segundos tienen como objetivo encontrar alternativas a una laguna del conocimiento y responder a una inquietud científica o problema de investigación. Esta diferenciación es importante porque muestra el interés tanto de la investigación cualitativa como de los proyectos comunitarios, de establecer una relación más directa del investigador con el problema.

Otra diferencia relevante se refiere a la que existe entre proyectos y programas. Se entiende por proyecto una propuesta que se hará a futuro, en tanto que un programa es lo que se está realizando. De igual forma los proyectos establecen laxos de ejecución con fechas de principio y fin y cuando se hacen permanentes se convierten en programas.

Estrategias Metodológicas para la Formulación de Proyectos Comunitarios

Etapas

1) Diagnóstico Comunitario

Se refiere a la necesidad de efectuar una investigación de la situación actual de la comunidad. Dicho diagnóstico arrojará ciertas interrelaciones con el entorno, planteando una visión sistémica. Para que dicho diagnóstico sea efectivo, es básico el conocimiento de la comunidad.

De acuerdo con el Manual de la Escuela de Emprendedores, diagnóstico es una forma de ordenar los datos e información sobre cómo es y qué problemas tiene una determinada realidad. Esta evaluación debe considerar los siguientes elementos:

a) Infraestructura Comunitaria

Tiene que ver con establecer los servicios que hay en la comunidad: Agua, luz, teléfono, internet, espacios públicos, vías de comunicación y escuelas, así como la cantidad y calidad de estos. Se requiere determinar los servicios que no existen y los que se deben optimizar.

b) Factor Económico

Hay que describir las modalidades de subsistencia de la comunidad, las distintas formas de trabajo, el nivel de desempleo y si existe otras fuentes de empleo, o potenciales.

c) Factor Social

Se debe identificar el perfil de las familias: cantidad de personas, condiciones de vivienda, escolaridad, formas de esparcimiento y de manutención. Así mismo, es relevante saber los problemas sociales más graves que puedan existir, como inseguridad, violencia doméstica, entre otros.

d) Factor Institucional

Se refiere a conocer las instituciones públicas y privadas que funcionan en la comunidad y qué necesidades atienden, es decir, aquellas que hacen vida comunitaria activa. De igual forma, hay que determinar las organizaciones sociales de base que existen, como asociaciones civiles, partidos políticos, cooperativas, ONG, etc.

 Este factor institucional es muy importante porque permitirá concertar o establecer alianzas que harán posible la ejecución del proyecto. Es ideal si este diagnóstico comunitario se puede acompañar con fotos. Una vez evaluado el contexto comunitario se pasa a la identificación y jerarquización de los problemas. Esto representa el fortalecimiento institucional del proyecto.

2) Planteamiento del problema

Para Charo Méndez (2006) un problema social es una situación negativa e indeseada (por ausencia, carencia o déficit), que es inaceptable para el actor que lo idéntifica y puede ser modificada favorablemente con otra realidad. Es diferente al concepto de necesidad, ya que estas surgen por la existencia de un problema que las origina. Una situación problemática no es la ausencia de una solución, sino un estado negativo existente.

El concepto anterior es fundamental para evitar las deficiencias que se observan en los proyectos de investigación y tesis de grado, aunque este texto trata de proyectos comunitarios. Para la selección del problema el autor del proyecto comunitario puede observar las necesidades más recurrentes que hay en la comunidad.

Para la formulación adecuada del problema se deben seguir los siguientes pasos:

a) Tratamiento brindado a dicho problema y las formas tradicionales de ser abordado. Es decir su conceptualización, cómo se observa y mide

b))Ubicación e identificación geográfica.

c) Antecedentes y trayectoria histórica.

Es necesario explicar desde cuándo existe el problema y cómo ha sido su evolución.

d) Impacto

Para que el problema tenga mayor relevancia es oportuno precisar la población o número de habitantes afectados y su magnitud.

Mientras más detallada, descriptiva y minuciosa sea su caracterización, el problema estará correctamente planteado. Es fundamental presentar sus síntomas o manifestaciones negativas concretas y si se cuenta con ellas, acompañarlos de indicadores o cifras estadísticas. Así mismo, se deben destacar sus causas, porqué se originó y los factores que lo explican, así como también hay que señalar sus consecuencias.

Es decir, qué ocurrirá si no se soluciona y cómo se agravará. Este aspecto constituye lo que se conoce como el estado o pronóstico del problema. Es importante que la descripción sea clara, precisa y coherente.

Una vez identificados y planteados los problemas existentes en la comunidad hay que realizar una priorización y jerarquización de aquellos que deben ser atendidos. No se pueden abordar varios problemas a la vez porque esto puede atentar contra la eficacia de ejecución de los mismos.

Así como en la elaboración de una tesis de grado existen criterios para la selección del tema y del problema, en el caso de los proyectos comunitarios, se pueden considerar como factores para su elección, los vecinos que serán beneficiados y el problema que tenga mayor viabilidad para su solución y que generará mayor participación y trabajo comunitario.

3) Programación y Plan de Acción

a) Formulación del Objetivo General

Es el qué o para qué del proyecto. Es lo que se aspira alcanzar. Debe tener los siguientes atributos: Ser concretos, claros, posibles y verificables que se pueden alcanzar a mediano y largo plazo y redactar con verbos en infinitivo.

b) Objetivos específicos

Representan el cómo vamos a llegar al Objetivo General y son componentes importantes y parciales para alcanzarlo. En el Manual para la Formulación de Proyectos Sociales de la UCAB, se establece una diferenciación importante entre ambos tipos de objetivos. El Objetivo General describe la globalidad de la situación a la que se pretende llegar, lo que debe lograrse al finalizar el proyecto, en tanto que los Objetivos Específicos son concretos y dirigidos a satisfacer componentes importantes contemplados en el Objetivo General. Son sus estrategias, como una relación entre medios y fines. De igual forma, estos objetivos no se deben confundir con la meta. Esta es temporal, espacial y medible. Es decir, cuantitativamente dimensionada.

Los Objetivos Específicos tampoco se deben confundir con actividades o acciones, porque éstas sólo permiten generar productos determinados que facilitan el cumplimiento de esos objetivos. Las metas son la expresión cuantitativa de lo que se pretende alcanzar con el proyecto, indicando cuándo y en qué tiempo se pretende alcanzar, así como el ámbito o espacio delimitado. La realización de una meta supone a su vez la ejecución de una serie de actividades y estas últimas comprenden la cantidad de trabajo específico que debe realizar un proyecto para que una meta se pueda llevar a la práctica.

Con la planificación de actividades se pueden identificar los recursos físicos, materiales y humanos que se requieren para ejecutarlas.

Ejemplos de los conceptos planteados para la formulación de proyectos comunitarios en el contexto cultural.

- Objetivo General. Fortalecer las destrezas gerenciales para solucionar problemas de los gerentes del área cultural en Venezuela.

- Objetivo Específico. Capacitar gerentes culturales de los niveles medios del sector cultural en el país.

- Meta. Dictar diez cursos al año a los gerentes culturales de nivel medio, en el país.

- Actividad. Preparar un manual de capacitación para gerentes culturales de nivel medio en Venezuela.

Luego de formular el Objetivo General y los Objetivos Específicos, se deben establecer el alcance o impacto del proyecto. Es decir, la población objeto, la destinataria o la que se va a beneficiar con el mismo. Esta también puede calificarse como grupo de interés.

4) Cronograma

Constituye el control de las actividades que se llevarán a cabo, con fechas de inicio y fin, que permitirán hacer seguimiento y evaluar el desarrollo del proyecto, a través de la identificación de sus posibles avances, retrasos o dificultades presentadas. El cronograma permite establecer los correctivos que sean necesarios y conocer la ejecución de los recursos del proyecto.

5) Presupuesto

Representa estimar los ingresos y gastos del proyecto, así como la determinación de los recursos materiales, humanos e institucionales.

Es conveniente considerar la factibilidad del proyecto elaborado a través de la revisión de aspectos como la compatibilidad con la capacidad técnica, con los recursos y su adecuación en términos de costo y beneficios. La factibilidad también está determinada por la aceptación que el proyecto pueda tener por los habitantes de la comunidad, si es compatible con los valores de los líderes y con la cultura existente en ese contexto.

6) Formato de presentación del Proyecto Comunitario

Se sugiere incluir el proyecto en una carpeta con los siguientes datos: Portada o carátula con su nombre, organización que lo patrocina, apartado postal, teléfono, fax, monto total de financiamiento o presupuesto global requerido, así como su duración y responsables del proyecto.

7) Síntesis del proyecto

En este apartado se deben señalar el Objetivo General y los Específicos, población beneficiada, metas, plan de actividades, recursos materiales, humanos y su ubicación geográfica. Este último aspecto debe reseñarse con la mayor exactitud posible. Por ejemplo: El estado o distrito metropolitano, municipio, parroquia, comunidad, circuito comunitario y los datos de los responsables de la comunidad por el proyecto. Sería ideal acompañar todo esto con un mapa.

8) Fundamentación y justificación del proyecto

En este punto se deben señalar la descripción del proyecto, el problema que aborda, el porqué es necesario y su prioridad frente a otros problemas existentes. Así mismo, se deben indicar los beneficios esperados y sustentar todos los componentes de la propuesta.

9) Ejecución del Proyecto

En esta parte se debe cumplir totalmente con lo manifestado en el cronograma de actividades.

10) Evaluación del Proyecto

Es una revisión minuciosa que busca revisar los logros del proyecto a partir de los objetivos planteados, las actividades planificadas, la detectación de posibles problemas, la adecuación del presupuesto, la participación de los involucrados y responsables, para tomar los correctivos necesarios. Esta evaluación también tiene por objeto concientizar el aprendizaje de la experiencia que dejó la aplicación del proyecto, además de la posibilidad de intercambiar o transferir dicha experiencia.

Otro elemento vital en este segmento es medir la satisfacción de los usuarios y mejorar la estructura de futuros proyectos.

La evaluación del proyecto comunitario también se puede hacer a través de la medición de indicadores. Esto permite la verificación objetiva de los resultados como se muestra a continuación.

I. Objetivo: Recuperar adolescentes con problemas de drogadicción

II. Indicador de gestión: Número de drogadictos atendidos versus número de drogadíctos evaluados.

III. Indicador del resultado: Número de drogadictos recuperados versus de drogadictos reinsertados en la sociedad.

Objetivo: Contribuir con la capacitación de recursos humanos en el área de proyectos comunitarios.

Indicador de gestión: Número de talleres efectuados versus número de eventos organizados.

Indicador de Resultados: Profesionales actualizados versus áreas novedosas y profesionales formados.

Objetivo: Contribuir con el avance del conocimiento en el área de investigación cualitativa.

Indicador de Gestión: Investigaciones realizadas.

Indicador de Resultado: Investigaciones publicadas.

Factores de viabilidad práctica para impulsar proyectos comunitarios.

Esta parte se refiere a señalar aquellos elementos que en base a la experiencia del autor de este texto pueden contribuir en la ejecución de este tipo de proyectos. En primer lugar, se requiere voluntad política, apoyo gubernamental y liderazgo comunitario. Otro elemento es la sencillez que deben tener los formatos o matrices que se pueden utilizar para recolectar información del diagnóstico comunitario y en base a esto formular los proyectos con sus políticas y estrategias.

De igual forma, se requiere motivar al personal, teniendo presente que el lado humano es fundamental para la gerencia de cualquier proyecto de desarrollo. Esta motivación se puede lograr con la realización de talleres de autoestima, comunicación efectiva, manejo eficaz del tiempo, liderazgo y constitución de equipos de trabajo efectivos.

Adicionalmente, es recomendable que se establezca una especie de coordinación con los responsables de ejecutar los proyectos comunitarios, mediante la realización de reuniones con estos. Dicha coordinación puede ser útil también para generar una competencia sana, a partir de la difusión de los logros alcanzados en cada proyecto, además de intercambiar y transferir dichos logros y experiencias.

Es vital la realización del seguimiento, el control y contar con una sede adecuada y la dotación de recursos mínimos como computadoras, fax, internet, teléfono, entre otros.

Cabe destacar que la estructura presentada constituye la base fundamental para la elaboración de un Proyecto Comunitario. Sin embargo, esta estructura también deberá ajustarse al formato o marco lógico exigido por los organismos u organizaciones ante los cuales será presentado dicho proyecto para la solicitud de financiamiento y posterior ejecución.

Ejemplos de problemas para la formulación de Proyectos Comunitarios

Categorías

- Erradicación de la pobreza: Formación profesional, desarrollo económico, oportunidades para la cooperación, creación de empresas, servicios sociales, educación, ocio, salud y bienestar y buenas gestiones urbanas. En este último aspecto encontramos en Caracas problemas que se pueden abordar como la restauración del patrimonio urbano de calles y avenidas, la recuperación de las vías de comunicación, desarrollo de un sistema de transporte que conecte los dos terminales de pasajeros, el de La Bandera con el de Oriente. Así como el diseño de campañas de información y concientización que eviten la especulación consistente en la duplicación de los precios de alimentos regulados por parte de mayoristas.

  Otros problemas que pueden servir para la formulación de proyectos comunitarios son: El fomento de la colaboración pública y privada, la movilización de recursos, la participación ciudadana y la riqueza cultural. Así mismo, la participación comunitaria, la expresión y animación, las artes, e igualdad y equidad de géneros. También, la plena participación en la sociedad, la infancia y la adolescencia, salud y nutrición. Otros temas podrían ser la educación y formación profesional, cuidados de día y fuera de horario escolar para niños, programas de ocio y culturales y proyectos de salud y de actividades multigeneracionales para personas mayores.

EJEMPLO DE PROYECTO COMUNITARIO

A continuación se ofrecen ejemplos en diversas áreas sobre cómo formular un proyecto comunitario en dos versiones. Una modalidad integral con todos los elementos que lo conforman y otros modelos donde se desarrollan alguno o algunos componentes de su estructura metodológica que los estudiantes, investigadores y otros interesados podrán ampliar.

Algunos problemas sobre los que se podría desarrollar Proyectos Comunitarios, son: El rescate y mantenimiento de las tradiciones venezolanas en todas sus manifestaciones culturales como la música, el folklore y los problemas de la conservación del medio ambiente.

EJEMPLOS DE PROYECTOS COMUNITARIOS EN DIVERSAS ÁREAS

TITULO: PROYECTO DE CAPACITACIÓN EN LA

FORMULACIÓN Y DISEÑO DE PROYECTOS COMUNITARIOS PARA LOS CONSEJOS COMUNALES DE LAS PARROQUIAS ALTAGRACIA Y LA PASTORA DEL MUNICIPIO LIBERTADOR EN CARACAS.

ASPECTOS A CONSIDERAR EN LA DESCRIPCIÓN DE LA PROBLEMÁTICA: Falta de información en la materia de formular un proyecto comunitario. Desconocimiento de la estructura y funcionamiento de los consejos comunales en cuyo seno deben desarrollarse dichos proyectos. Poca preocupación de los habitantes por los problemas de su entorno y novedad para ejercer actividades autogestionarias en la solución de sus necesidades y para asumir el rol de contraloría social. Es decir, participar en la planificación, ejecución y control de mecanismos para atender los problemas de la parroquia.

ELEMENTOS A TOMAR EN CUENTA EN LA JUSTIFICACIÓN Y FUNDAMENTACIÓN DEL PROYECTO

Destacar la importancia del proyecto comunitario en la solución directa de los problemas de las comunidades y el control de éstas sobre los mismos. Utilizar los recursos destinados por el Estado para que los consejos comunales ejecuten proyectos comunitarios y evitar que los fondos sean mal utilizados o desviados hacia otros fines. Que los habitantes de las parroquias adquieran las destrezas necesarias, a través de la capacitación para un diseño óptimo, eficaz y eficiente de dichos proyectos, lo cual redundará a posteriori en elevar la calidad de vida de los miembros de la comunidad.

OTRO EJEMPLO DE PROYECTO COMUNITARIO

TITULO: PROYECTO COORDINADO DE ATENCIÓN INTEGRAL A LA COMUNIDAD DEL 23 DE ENERO EN EL ÁREA DE NUEVAS TECNOLOGÍAS. SECTOR MONTE PIEDAD

ASPECTOS A CONSIDERAR EN LA FORMULACIÓN DEL PROBLEMA. No todos los habitantes de este sector pueden acceder a las nuevas tecnologías, por ejemplo, tener Internet en su casa o acudir a los cyber. Por lo tanto, es necesario crear un proyecto de un centro comunitario automatizado. Es decir, con equipos o computadoras, que pueda ser autogestionado, mantenido por la propia comunidad, la cual podrá crear mecanismos de financiamiento, cuidar y mantener sus instalaciones.

Para esto será necesario capacitar a los coordinadores de dicho centro y operadores de los mismos.   De igual forma, se solicitará apoyo para establecer alianzas con organismos públicos y privados que permitan crear la infraestructura física, ubicar un espacio adecuado en la parroquia, adquirir los equipos de computación, entre otros.

ELEMENTOS A CONSIDERAR EN LA JUSTIFICACIÓN DEL PROYECTO

El proceso de la globalización y el desarrollo de la informática han permeado todas las áreas del quehacer humano. Quien no tenga un acceso justo a las nuevas tecnologías queda aislado. Es necesario democratizar dicho acceso, dando la posibilidad de que todas las comunidades participen y tengan el dominio y el conocimiento, para ingresar a ese mundo automatizado con criterios de igualdad y justicia.

Como parte del esquema del centro automatizado se puede diseñar una página web, en la cual los habitantes de la parroquia puedan expresar sus inquietudes y propuestas en torno a los problemas que enfrentan y las salidas de los mismos.

Las investigaciones de tipo cualitativo también requieren ser defendidas o expuestas en algunos casos. Seguidamente, se presentan un conjunto de conectores, que pueden servir como una especie de guión discursivo para que el orador aborde o inicie dicha defensa y una vez que finalice cada punto o parte, cuente con una frase para interconectar el siguiente aspecto de su disertación. De igual forma, se anexa el ensayo cómo hacer y defender una tesis, para que el investigador tenga una visión global del proceso que deberá afrontar durante la realización y la posible exposición de su trabajo especial de grado.

Allí se describen las características y el comportamiento de cada uno de los actores involucrados: El tesista, el tutor y los jurados. Así mismo se ofrecen sugerencias para enfrentar posibles dificultades u obstáculos que se puedan presentar.

En los proyectos comunitarios también se exige la presencia de un tutor para guiar al estudiante. A continuación se presenta el ensayo Cómo ser un tutor de tesis eficaz, que puede servir de orientación para los docentes, a quienes les toque ejercer o desempeñar ese rol.

Ejemplo del desarrollo de un Proyecto Comunitario a nivel internacional.

Nombre: Proyecto Comunitario María Auxiliadora.

País: Argentina

Región según Naciones Unidas: América Latina

Región Ecológica: Continental

Ambito de la Actuación: Barrio

Instituciones: Organización no gubernamental (ONG), Institución Académica o de Investigación, Institución Provincial.

Fecha de referencia: 12 de mayo de 2006

Traducción: Esther Anaya

Revisión: Carlos Verdaguer

Resumen (Diagnóstico Socio-Económico de la Comunidad)

El Proyecto de la Comunidad María Auxiliadora es la creación de una institución social destinada a proporcionar una completa atención a la familia, dando prioridad a la población con pocos recursos. El proyecto está a cargo de la Parroquia del Santísimo Sacramento y se localiza en el barrio de Ceferino Namuncurá, en el Municipio de Tandil.

Un rasgo diferencial de este barrio es su gran heterogeneidad, de modo que se da la convivencia de familias en situación depauperada, con otras de alta calidad de vida. Esto genera una gran diversidad de las condiciones socio económicas, educativas, culturales, laborales o de participación social.

Partiendo de esta heterogeneidad e proyecto trata de construir un perfil de su comunidad. Puede decirse que éste es su objetivo general. Está pensado como un espacio en el que puedan convivir diversos actores con sus propios recursos y necesidades y en el que se facilite el intercambio y la satisfacción recíprocas.

Para alcanzar estos objetivos se han puesto en marcha varios micro proyectos: Centro de atención primaria sanitaria, escuela infantil, áreas de apoyo escolar y recreación para niños en edad escolar y adolescentes, escuela de adultos, aula de formación para mujeres (Micro-proyecto de costura), y centro de día para la tercera edad. Toda esta iniciativa están a cargo de la asociación sin fines de lucro Rincón Solidario.

En estos momentos, el proyecto cuenta con un equipo de trabajo formado por profesionales de diversas disciplinas (trabajadores sociales, psicólogos, médicos, enfermeras, educadores, psicópedagogos, arquitectos, contadores, abogados) y por un número considerable de voluntarios.

En 1994, da comienzo el proyecto del centro de atención primaria sanitaria, con la realización de prácticas sanitarias en la Universidad Nacional del Centro de Buenos Aires y en 1999 se produce el establecimiento y consolidación del trabajo interdisciplinario.

Descripción de la situación previa a la iniciativa.

Antes de que comenzara el proyecto, la capilla María Auxiliadora, fundada en 1965, llevaba a cabo su actividad religiosa ordinaria. A mediado de la década de los 80 y como respuesta a los efectos de una seria crisis económica nacional, la parroquia asume una incipiente labor social porque el vecindario había crecido con heterogeneidad.

Establecimiento de 'prioridades y jerarquización de problemas

Desde 1994 la prioridad fue averiguar y atender las necesidades de la población con pocos recursos económicos. En concreto, se dio prioridad a la solución de dos problemas: La atención primaria, sanitaria y la carencia de un espacio adecuado para que las mujeres que se habían incorporado al mundo laboral pudiesen dejar a sus hijos cuidados. Desde 1997 se consideró necesario una intervención integral de asistencia a la familia. Para ello, cinco trabajadores sociales elaboran y coordinan proyectos específicos para las diferentes edades (niños, adolescentes, adultos y personas mayores)

Formulación de objetivos y estrategias

Los objetivos principales son:

- Atención a la familia en su totalidad y de forma global (salud, nutrición, educación, formación y ocio)

- Promover el establecimiento y ampliación de las redes solidarias y las redes en el interior de la comunidad y el proyecto.

- Lograr contribuciones financieras y humanas para fortalecer la capacidad de auto gestión.

- Promover un espacio de formación y aprendizaje para el desarrollo de un trabajo interdisciplinario.

- Fomentar la integración de personas de diferentes edades y generaciones mediante la adecuada articulación entre los micro proyectos.

Estos objetivos se fundamentan en la observación de las diversas necesidades y solicitudes de la comunidad.

Movilización de recursos

Los recursos del barrio y de la comunidad local se han incrementado y han contribuido al desarrollo del proyecto. Tanto en el tema de recursos financieros como en el de los recursos humanos. De igual forma, ha tratado de involucrar el mayor número posible de actores o participantes para realizar su gestión y garantizar su continuidad. Como consecuencia de la realización de un estudio completo del barrio, se decidió instaurar un sistema de pagos mensuales para el mantenimiento del centro sanitario.

Se establecieron contactos con las escuelas privadas del distrito con el objetivo de conseguir recursos financieros. También se han organizado eventos para generar ingresos y se han prestado servicios en casos concretos. Además, la comunidad religiosa de la capilla también colabora en la financiación y en la prestación de servicios.

En lo que respecta al nivel local se ha procurado el intercambio de servicios y competencias con instituciones públicas y privadas. Desde 1995, la administración se extendió hacia el nivel provincial y nacional, recibiendo subvenciones que se han invertido en la ampliación de su infraestructura, en ayuda alimentaria y en un sistema de apoyo formado por estudiantes que se encargan, como parte de sus prácticas mensuales, de la gestión de la guardería y del centro de día para la tercera edad.

Ante la necesidad de un marco jurídico legal y con el objetivo de poder gestionar mayores cantidades de dinero, se crea una asociación civil integrada por 20 personas del distrito y 80 socios, además de otras entidades colaboradoras.

Ejecución del proyecto

El proceso se dividió en dos etapas. Desde 1994 hasta 1996 se realizó la expansión, crecimiento espontáneo y rápido. En esta etapa se dieron unas series de situaciones:

> Admisión ilimitada de solicitudes de familias en situación de necesidad relacionada con la salud, la alimentación, el vestido, la educación, la formación, los problemas familiares y la participación social.

> Admisión ilimitada de solicitudes de voluntarios para participar en el proyecto.

> Generación de actividades que surgían espontáneamente de la participación de vecinos y voluntarios (redes de alimentación, atención de casos concretos, espacio para reuniones, soporte pedagógico para niños y obtención de recursos materiales para el proyecto.

> Soporte financiero ilimitado al mantenimiento de la infraestructura y los gastos del trabajo de campo para el proyecto.

> Surgieron dificultades a raíz de la ausencia de un lugar físicamente apropiado para llevar a cabo las actividades. El aumento de estas generó un uso abusivo de las instalaciones adquiridas para el proyecto que tenía como sede un edificio en condiciones precarias y de reducidas dimensiones. Esto dio lugar en algunas situaciones al deterioro en la calidad del trabajo y a conflictos entre quienes lo realizaban.

La situación descrita se resolvió aprovechando los recursos de la propia población y gracias a la buena disposición de los voluntarios para continuar pese a las dificultades.

La presencia de cuatro estudiantes de la licenciatura en Trabajo Social contribuyó a superar los difíciles momentos iniciales y a asegurar el buen funcionamiento del proyecto y la solución de las situaciones problemáticas eventuales, contando con el respaldo de toda la institución.

La etapa final corresponde al período 1997 hasta la actualidad que se traduce en el momento de concreción del proyecto. Se tomaron una serie de medidas para limitar el rápido crecimiento y garantizar la continuidad, el mantenimiento y la mejora de la calidad de la intervención. Se establecieron y formularon los objetivos generales de dicho proyecto:

➢ Ante la ilimitada admisión de solicitudes y voluntarios, se organizó un sistema de selección con el objeto de filtrar las peticiones y desviarlas hacia otras instituciones cuando fuese necesario.

➢ Se solicitó una subvención del Estado para ampliar las instalaciones y también se pidió ayuda económica al sector privado a nivel local y regional. Sin embargo, quedó pendiente el tema de la ayuda económica a largo plazo.

➢ Las actividades dispersas toman la forma de micro proyectos que se asignan a cada uno de los trabajadores sociales. Se estableció una coordinación general del proyecto y un sistema de supervisión institucional que se realiza con frecuencia semanal, con el objetivo de definir y fortalecer los criterios de trabajo del proyecto.

Evaluación del Proyecto

Resultados obtenidos.

La labor social acometida en el período 1995-1999 muestra un crecimiento rápido y sostenido en varias dimensiones: Población atendida, solicitudes, servicios, plantillas, redes institucionales y niveles de participación. El vecindario pasó de una situación en la que no tenían en cuenta sus necesidades sociales a recibir una completa asistencia social, a partir de la puesta en marcha del proyecto. Esta mejora en la calidad de vida de la población se puede ilustrar mediante algunos datos significativos:

➢ Se proporcionó asistencia al total de las familias del distrito, en situación de pobreza, que ascendían a la cantidad de 300.

- ➤ 2.040 personas recibieron atención primaria sanitaria.

- ➤ 80 familias se beneficiaron del servicio de ayudas en forma de alimentos y de formación a través de planes de nutrición.

- ➤ 80 niños de 0 a 5 años se beneficiaron del proyecto de la escuela infantil.

- ➤ 70 niños entre 6 y 12 años asistieron a las aulas de estudio y repaso del proyecto.

- ➤ 80 niños entre 7 y 16 años disfrutaron del proyecto de ocio.

- ➤ 10 mujeres recibieron formación mediante la micro empresa de costura.

- ➤ 15 personas mayores se beneficiaron del Centro de Día para la tercera edad.

El proyecto logró adaptar las políticas provinciales a la realidad de su comunidad. Así mismo, se identificaron las necesidades que no habían sido cubiertas por la administración y se crearon proyectos para responder a ellas.

- ➤ La pequeña y limitada iniciativa de 5 profesionales se convirtió en un proyecto global con un número considerable de profesionales de diversos campos (6 trabajadores sociales, 8 doctores, 2 enfermeras, un sociólogo, 4 psicólogos, 5 profesores de educación física, 4 docentes, 2 psicopédagogos, un profesor de teatro, un contador y un arquitecto. Además, hay que añadir el trabajo coordinado de 40 voluntarios no profesionales. El proyecto contribuyó a que la gente que quedaban excluídas de otros programas recibieran una serie de oportunidades, aprendizaje y satisfacciones.

Sostenibilidad

La sostenibilidad del proyecto se basó en los siguientes aspectos:

- ➤ La capacidad de movilización de recursos humanos fue el resultado del incremento de la participación de los beneficiarios y de la comunidad en general. Esto se obtuvo potenciando el sentido de pertenencia a una comunidad y el compromiso personal, además de extraer lo mejor de cada actor mediante el fomento de su creatividad.

➤ Un equipo profesional, coordinó a todos los participantes, cuyas capacidades potenciales se desarrollaron gracias a sus conocimientos técnicos: Planeamiento, administración y evaluación de proyectos y actividades.

La definición de varias estrategias de trabajo que consistieron en:

➤ Búsqueda combinada de la financiación. Por un lado, cada micro proyecto se organizó con la ayuda de los propios beneficiarios, adecuando los medios a los objetivos que se pretendían conseguir en cada caso, como por ejemplo la elaboración y venta de artesanía, cuotas mensuales, sorteos, bailes, y colectas. Por otra parte, en lo relativo a la coordinación general, no solamente se tuvo en cuenta la coordinación con los programas de organismos gubernamentales, sino que también se llevaron a cabo contactos con instituciones privadas de ámbito local, con el propósito de organizar eventos para beneficio del proyecto.

➤

➤ Organización de la comunidad en grupos que comprendían las diferentes generaciones y edades apelando a un reconocimiento mutuo como miembros del mismo proyecto.

➤ Atención diaria y personalizada a las solicitudes en la oficina central del proyecto.

➤ Salidas periódicas para llevar a cabo el trabajo de campo.

➤ Organización de sesiones de reflexión, charlas, reuniones y seminarios sobre diversos temas como salud, educación, ocio, mercado laboral, entre otros.

La creciente participación de todos los actores involucrados en el proyecto es un indicador de que este respondió a sus intereses y necesidades, ofreciéndoles cierto grado de satisfacción.

Lecciones aprendidas del proyecto

Este proyecto tuvo la particularidad de que se trató de una iniciativa construida a partir del discurso del trabajo social, partiendo de la valiosa experiencia de estos 5 años, permitiendo enunciar unos principios que pudieron aplicarse a otras iniciativas sociales.

- ➤ Flexibilidad como un criterio de intervención operativa y conceptual que permitió definir a la institución en términos del proyecto. A medida que se incluían y articulaban las diversas iniciativas, se fue adquiriendo experiencia, promoviendo un modo de trabajar en continua evolución y redefinición.

- ➤ Asociación. Convertir en socios a los diversos actores de la institución, basándose en el principio de la satisfacción mutua como forma de nutrir y fortalecer la experiencia. De este principio surgió el potencial de los recursos humanos y materiales movilizados por el proyecto.

- ➤ Integridad e integración. Esta permitió apreciar la realidad social como un conjunto, poniendo especial atención a su diversidad y particularidades. La integración constituyó una herramienta que permitió definir y desplegar estrategias de acción adecuadas a casos de esta complejidad.

- ➤ Esta integración se puso de manifiesto al considerar la familia y su realidad social como una unidad de análisis e intervención. A través de la creación y realización de micro proyectos se persiguió la atención y satisfacción de las necesidades, de las diferentes generaciones, así como de resolver los problemas que afectaban a las familias.

- ➤ Uso óptimo de los recursos humanos de la comunidad combinando el trabajo de voluntarios y profesionales. La experiencia se llevó a cabo haciendo hincapié en la convocatoria, incorporación y orientación de un gran número de voluntarios. Además, el proyecto permitió practicar de una forma especial la interdisciplinariedad. Esta práctica coordinó y articuló los diferentes discursos de cada disciplina bajo el punto de vista concreto del trabajo social.

Transferibilidad. Se consideró que el proyecto se puede catalogar como una experiencia innovadora de trabajo a varios niveles:

> La invitación desde varios foros, encuentros y seminarios para socializar la experiencia.

> La consideración del proyecto como una iniciativa eficiente y transparente de utilización de los recursos de las administraciones nacionales y provinciales.

> La elección del proyecto por parte de la universidad como una oportunidad de aprendizaje para realizar prácticas pre-profesionales y trabajos de investigación.

> La participación de voluntarios profesionales y no profesionales que escogen el proyecto para desarrollar un centro psicoterapéutico para la familia y su entorno, inspirado en el trabajo interdisciplinario del proyecto comunitario María Auxiliadora.

Es importante subrayar que la experiencia fue tomada como modelo para la creación de otro proyecto llamado Centro de Día Pajaritos de la Calle, dedicado a la atención de niños en situación de riesgos. En lo que respecta a la incorporación al proyecto de conocimientos adquiridos en otras prácticas y experiencias anteriores, se pueden citar los siguientes:

> La definición de una política de salud pública llevada a cabo en la Provincia de Buenos Aires, a finales de los 80, llamada ATAMDOS (Atención sanitaria en ambulatorios y domicilios)

> Los encuentros de las redes institucionales, congresos de ONG y cursos de formación para voluntarios.

➢ La incorporación de una supervisión profesional, así como los espacios de diálogo, reflexión y crítica del trabajo realizado.

Para que la experiencia de este proyecto pueda reproducirse en otras iniciativas se considera necesario trabajar los siguientes puntos:

➢ Profundizar en los modos de socializar la experiencia.

➢ Elaborar materiales específicos que muestren las herramientas teórico prácticas creadas y utilizadas en esta experiencia.

➢ Permitir la realización de prácticas en el proyecto por parte de estudiantes universitarios de diferentes disciplinas.

ESTRUCTURA METODOLÓGICA PARA REALIZAR UN PROYECTO COMUNITARIO

Los verbos deben redactarse en infinitivo

TITULO DEL PROYECTO COMUNITARIO

Diseño de un sistema de alumbrado eléctrico para reforzar la seguridad y ahorrar energía en el bloque experimental de la Parroquia Caricuao.

Descripción de la problemática actual en la comunidad específica. Causas que generaron dicha problemática y consecuencias derivadas.

El problema básico es la carencia de un sistema de alumbrado eficiente en el Bloque 28 de la Parroquia Caricuao. Esta situación se presenta desde la construcción de dicho bloque y origina inseguridad, traducida en asaltos y robos a los habitantes, además de un alto consumo de energía.

Dicha problemática se origina debido a que el sistema de alumbrado siempre ha sido fijo y consume más energía. Quizás el nivel socio económico de la población que se puede clasificar mayoritariamente en los niveles C y D, no contaban con los recursos y motivaciones para buscar una solución.

Los habitantes de este bloque pueden catalogarse como se señaló en el párrafo anterior, de ingresos medios, ubicados en un área que por sus características socio económicas requiere que la seguridad sea reforzada. Además, esta zona no escapa al impacto del incremento de la inseguridad en Caracas.   Por lo tanto, este sector requiere de la solución de la situación planteada. En consecuencia, se diseñará un nuevo sistema de alumbrado intermitente que funcione y se active o prenda mediante la instalación de un censor que captará cuando llegue una persona la cual será identificada desde el lugar donde se encontrará ubicado dicho censor y se apagará una vez que dicha persona ingrese al citado bloque.

JUSTIFICACIÓN Y FUNDAMENTACIÓN DEL PROYECTO

El proyecto se justifica por la necesidad de obtener mayor proyección y seguridad para los habitantes del bloque experimental de la Parroquia Caricuao. Además, será muy útil porque contribuirá con el ahorro energético. Estos dos aspectos están respaldados o vinculados con las políticas sociales y económicas, implantadas por el estado venezolano en la materia.   Por ejemplo, en la avenida Bolívar de Caracas se puede observar un sistema de alumbrado en los postes que se carga con la luz solar y permite ahorrar energía.

De igual forma, en la actualidad se están desarrollando planes y operativos en casi todos los estados para reducir los niveles de inseguridad. Una estrategia para lograr mayor eficiencia en la administración pública puede ser vinculando los

OBJETIVO GENERAL

➤ Diseñar un sistema de alumbrado eléctrico en el Bloque Experimental de la Parroquia Caricuao para reforzar la seguridad en el sector y fomentar el ahorro de energía.

➤ ESPECÍFICOS

➤ Efectuar las gestiones pertinentes ante los miembros del condominio del bloque para obtener su autorización para la instalación del sistema de alumbrado.

➤ Desarrollar las especificaciones técnicas y de funcionamiento del sistema de alumbrado en cuanto a su ubicación física o del entorno.

➤ Calcular el presupuesto y los costos del diseño e instalación del sistema de alumbrado y de las partes técnicas que lo constituirán.

➤ Sensibilizar a los habitantes del bloque para el mantenimiento del sistema de alumbrado mediante los beneficios que este aportará a la comunidad.

➤ Capacitar a los usuarios del sistema con respecto a su operatividad y mantenimiento.

- ➤ Contribuir a través del sistema de alumbrado con las políticas de ahorro de energía y de prevención del delito implementadas por los organismos competentes.

METAS DEL PROYECTO

- ➤ Ofrecer mayor seguridad a los integrantes de las ochenta familias que viven en el bloque en un lapso de tiempo breve (Elaboración y Puesta en marcha del sistema de alumbrado). Estimándose un tiempo de seis (6) meses.

- ➤ Ahorrar energía mediante el sistema de alumbrado en un 70%.

- ➤ Concientizar a ochenta (80) familias de los beneficios del sistema a través de la realización de cuatro (4) talleres para grupos de diez habitantes por taller.

- ➤ Lograr el apoyo del 100% de los miembros que conforman la junta de condominio.

ESTRATEGIAS DE APLICACIÓN

Para dar inicio al presente proyecto se realizará una entrevista con los miembros de la junta de condominio, para obtener la aprobación de estos y proceder al diseño y posterior instalación del sistema de alumbrado. Se realizará un inventario de los materiales requeridos para el diseño del sistema y de sus costos. Se determinarán las dimensiones para definir la ubicación física exacta del sistema.

De igual forma se realizará una reunión con los habitantes del bloque para conformar los grupos de los talleres y realizar la labor de sensibilización.

Entre los anexos se deberán incluir el estudio de factibilidad técnica, el plan de inversión y el cronograma del proyecto distribuido en las 120 horas de servicio comunitario en el lapso de tres meses.

AUTOR: Edwin Becerra. Tutor Externo y Asesor Metodológico

Licenciado Arnoldo Claret Véliz.

COMO SER UN TUTOR DE TESIS EFICAZ.

DOCTOR. ARNOLDO CLARET VÉLIZ

AUTOR DEL LIBRO CÓMO HACER Y DEFENDER UNA TESIS

La mayoría de los tesistas se vuelven ansiosos y desesperados cuando tienen frente a sí el proceso de hacer o defender su trabajo de grado. La angustia aumenta cuando no encuentran tutor. Llegan a la máxima tensión al tener que adecuarse a tutores poco responsables, que deben de andar persiguiendo para que les revisen los avances, en la escalera de la Universidad o en un pasillo, sin brindarles el tiempo y la atención requerida.

La labor de tutorizar un trabajo especial de grado o tesis, amerita compromiso de quien la asume. A continuación presento una serie de sugerencias para aquellos docentes que aman realmente y sienten pasión por la hermosa función de educar. Lo primero que tenemos que hacer es desarrollar competencias o dominio metodológico, ética, responsabilidad y respeto por ese proceso orientador y por nuestros tesistas. Además, hay que conocer las normas y reglamentos en la materia.

Un buen tutor se preocupa por hacer hemerotecas de periódicos y revistas especializadas, en particular, de reportajes que analicen problemáticas en diferentes áreas. De esta manera, recaba u obtiene información, se mantiene actualizado y, en consecuencia, puede brindar un apoyo mayor a los tesistas. Es importante planificar la agenda de cada reunión con el tutorizado y clarificar o tomar nota de los puntos que quedan pendientes para el siguiente encuentro, con flexibilidad, pero con disciplina.

Es vital, realizar cada nueva revisión o avance del proyecto o tesis con base o soporte de las correcciones anteriores. Esto facilita la evaluación y evita las incoherencias y contradicciones en que suelen incurrir muchos tutores. Les mandan a corregir cosas al estudiante, este las hace, luego le dice que están mal elaboradas y lo manda a presentarlas como el tesista las tenía inicialmente, haciendo casi enloquecer al alumno.

En este sentido, es importante señalar el apoyo real que puede ofrecer Internet para establecer una comunicación, vía correo electrónico, entre el tesista y el tutor, porque facilita la rapidez del intercambio, pero a veces ciertos docentes, al no tener tiempo de revisar los avances que le envía el estudiante, sale con la excusa de que no recibió el e-mail o que se le contaminó su correo y por lo tanto argumenta que no pudo realizar las respectivas correcciones.

Algunos profesores entregan una tesis que hayan tutoriado con anterioridad al estudiante, con la buena intención de que esta les sirva como una guía de orientación.   Sin embargo, otros lo hacen para disminuir el tiempo y la atención que deben prestarle al tesista, además de faltar en su responsabilidad y ética de su labor como tutor del Trabajo Especial de Grado.

Cuando el proyecto o el Trabajo Especial de Grado es presentado para la revisión formal de los jurados y ellos emiten sus observaciones, lo mejor es hacer una especie de check list para verificar las correcciones, una vez que las mismas son incorporadas. Esto agiliza el proceso de verificación, porque permite posicionarse rápidamente en aquellos aspectos que debían ser mejorados o transformados.

Para finalizar, otra actitud que debe incorporar el tutor eficaz de tesis en su labor es la humildad. Asumir que no es un sabelotodo. Dejar de lado la soberbia académica que exhiben muchos docentes. Estar abierto al aprendizaje constante, a conocer otras visiones y entender que la investigación es un proceso creativo y evolutivo, sin dogmas, verdades absolutas o paradigmas paralizantes.

PARTE II

Fundamentos de la Metodología para la Investigación Cualitativa

Según Briones (1989) se deben tener presente las siguientes consideraciones:

> - Describir preferentemente elementos, situaciones o procesos no establecidos previamente.
>
> - Interpretar el caso en el contexto en el cual se inserta.
>
> - Utilizar diversos puntos de información.
>
> - La validez y confiabilidad de los datos se trataran de lograr con el uso de técnicas de triangulación.
>
> - La realidad se reflejará mediante una descripción detallada.

Merriam, (citado por Martínez, 1998), caracteriza la investigación cualitativa como un proceso mediante el cual se construye inductivamente en vez de probar conceptos hipótesis o teorías, lo cual no quiere decir que en este tipo de investigación no se tome en cuenta la teoría. Por lo demás, alega que es inadecuado pensar en un estudio sin un marco teórico o conceptual.

La autora señala que las características de este tipo de investigación son las siguientes: El interés clave es comprender el fenómeno desde las perspectivas de los participantes, el investigador es el instrumento primario para la recolección de datos y análisis e incluye trabajo de campo. Según esta especialista la investigación cualitativa va hacia la construcción de teorías desde las observaciones. Es exploratoria e inductiva, en contraste con los investigadores deductivos quienes esperan encontrar los datos que concuerden con la teoría. Este tipo de diseño es emergente, flexible y responde a los cambios de condiciones del estudio.

Otras características de la investigación cualitativa son las siguientes: Usa las condiciones naturales como la fuente de datos, incorpora un lenguaje expresivo y la presencia de la voz en el texto. Estos estudios tienden a ser completos y descriptivos. En síntesis, se puede señalar que la característica primordial de esta investigación consiste en captar la realidad social, a través de las percepciones de los involucrados en un contexto determinado, es decir, de los significados que tiene el individuo de su realidad inminente.

También facilita la interrelación entre el investigador como coleccionista de datos y co-protagonista del análisis, con los participantes de ese mismo entorno, con lo cual se obtiene una elaboración de la realidad circundante a partir de una práctica integrada diseñada por sus miembros.

Fases del Proceso de Investigación Cualitativa

> La primera parte consiste en definir o conceptualizar la situación o problema que comprende su exploración, el diseño y la planificación de la labor de campo. En este punto, también se debe realizar la formulación y revisión teórica de autores, tesis, libros de investigación cualitativa, etc.

> Trabajo de campo que se refiere al proceso y período de recolección y organización de los datos.

> Identificación de patrones o roles culturales que procesan la situación en tres fases: El análisis, la interpretación y la teorización inductiva. Cada uno de estos aspectos se concretan o amplían de acuerdo a la evolución de la investigación y a la comprensión que vaya teniendo el investigador.

> Planeación. Se planifica el tiempo, los espacios y las etapas del trabajo, es decir, corresponde a la búsqueda de información documental y revisión bibliográfica.

> Diseño del Proyecto de Investigación. Consiste en sistematizar cada una de las etapas descritas con anterioridad.

> Trabajo de campo. En este punto se desarrollan las técnicas de recolección de datos como la observación participativa, los diarios de

campo y las entrevistas semi-estructuradas. Luego, se procede a la organización de la información, a su sistematización respectiva y elaboración del documento final. El análisis de la información se ejecuta a partir de la elaboración de matrices integradoras con categorías o unidades de análisis a través de las cuales se visualiza la información de las descripciones o narrativas.

La presentación del documento final contiene la conclusión, la sugerencia paras futuras investigaciones sobre el área y la presentación del documento final.

Técnicas Cualitativas. El doctor Antonio Cuencas, en su libro **Métodos cualitativos,** señala las siguientes características del paradigma cualitativo:

> Preferencia por los métodos cualitativos.

> Interés por comprender el comportamiento humano desde el marco de sus protagonistas.

> Aproximación fenomenológica.

> Medición y observación natural y sin control.

> Preeminencia de la subjetividad y de la perspectiva interna en el análisis.

> Orientación hacia el descubrimiento, exploratoria, descriptiva e inductiva.

> Direccionado hacia el proceso.

> Importancia del contenido con datos reales, variados y empleo de entrevistas en profundidad.

El doctor Miguel Martínez, uno de los más reconocidos pionero y estudioso de la investigación cualitativa en Venezuela, clasifica sus métodos así:

- ➢ **Hermenéuticos.** Conjugan la observación y el análisis a través de la búsqueda de su significado. Este método se sugiere para el procesamiento de datos que requieren observación continua, como por ejemplo el crimen, el narcotráfico o individuos paranoicos, en cuyos casos la información que nos dan persigue deliberadamente engañar o desorientar.

- ➢ **Fenomenológicos.** Esta modalidad es pertinente para procesar información veraz y sin duda de su objetividad. Se recomienda ante contextos extraños con los cuales el investigador no ha interactuado, en referencia al objeto estudiado. Comprende casos de desviaciones de vida como pueden ser la drogadicción o la prostitución o un desengaño amoroso.

- ➢ **Biográficos o historias de vida.** A través de este método y basado en fundamentos sociológicos, se interpreta uno o varios relatos de vida para detectar aspectos generales de un contexto social, como movilidad, inmigración, estructura de empleo. Esta modalidad de investigación amerita de un proceso hermenéutico doble, en el cual el entrevistado reflexiona e interpreta su vida y a su vez el investigador analiza esa interpretación.

- ➢ **Etnográficos.** Alcanzan una gran preferencia y utilidad para obtener el conocimiento de grupos étnicos, raciales, institucionales o guetos, en los cuales los contextos que se analizan tienen una significación relevante. En este tipo de investigación los objetos de estudio adquieren una aproximación global y sistémica, por cuanto se fundamentan en las interrelaciones entre las partes constituyentes y el significado que adquieren a partir de esa interrelación.

En otras palabras, se refiere a una descripción en profundidad de un grupo o comunidad humana con el objeto de identificar procesos o estructuras que no se observan a simple vista. Este método parte del establecimiento de las visiones de las personas inmersas en el objeto de estudio y luego va mostrando las relaciones que existen en esos grupos.

Como un ejemplo de lo anterior, se presenta el Ensayo "CONFRONTACIONES Y TABÚES, RESPECTO A LA SEXUALIDAD Y A LA APERTURA DEL YO INTERNO,

ENTRE 47 ESTUDIANTES DE COMUNICACIÓN SOCIAL DE LA UNIVERSIDAD CENTRAL DE VENEZUELA (UCV) EN UN ESPACIO DETERMINADO.

La autoría de este trabajo corresponde a la Lic. MARIA M. ROMBERG U., egresada con mención MAGNA CUM LAUDE, en Comunicación Social, realizado en octubre de 1998, en la cátedra de Comunicación y Cultura, dirigida por el profesor Arturo Jaimes.

ENSAYO

Tres días en continua interrelación. Las expectativas de que la experiencia iba a ser productiva para nosotros, y tal vez para muchos, nos fueron reveladas por el acontecer de la convivencia.

En las puertas de la Escuela de Comunicación Social de la UCV nos reunimos todos para partir hacia donde permaneceríamos juntos por casi tres días.

En nuestro rol de observadores – participantes, el análisis del hecho cultural, a vivir, se hizo aún más enriquecedor. Quince hombres y treinta y dos mujeres debíamos partir acompañados por la persona encargada de dirigir la experiencia. La presencia de las costumbres arraigadas empezaron a florecer. Ocho carros disponibles debían agrupar a personas que, conocidas unas y desconocidas otras, miraban a los lados en busca del grupo en que se incluirían. El desplazamiento no se hizo esperar.

La búsqueda de cada cual, solos o acompañados, por reunirse con personas vinculadas a ellos se hizo sentir. La necesidad gregaria en el propio círculo de amistad en desmedro de lo desconocido, confirma la búsqueda del hombre de nuestra cultura por lo que le confiere seguridad y confianza. Nuestras notas se iniciaron con ello.

Un ambiente monástico, con un clima de paz y religiosidad, fue el marco que acogió a 47 estudiantes de Comunicación Social de la Universidad Central de Venezuela, para vivir la experiencia de averiguar si somos capaces de romper los límites que nos impone nuestra propia **ENCULTURACIÓN**.

ENCULTURACIÓN que nos remite y nos une con nuestro pasado generacional y que, aún transcurridos los años, nos impone, nos oprime, nos permite o nos veda los actos que realizamos o queremos realizar. Ideologías, religiones, creencias, mitos, y hasta el mismo abandono del eclecticismo pasado, nos confunde en un mundo postmoderno en el que el hombre se siente sólo y abandonado, a merced de su propio yo. Estas fueron las primeras impresiones de nuestro trabajo.

En un mundo como el actual, cercano al siglo **XXI**, en el que la tecnología lo mediatiza todo impulsando al cambio vertiginoso de las cosas, la producción material y simbólica de la humanidad lo hace también al mismo ritmo. La estética ya no sólo la vemos con el significado Aristotélico de arte y belleza. En ella van implícitas las normas que toma cada tiempo y espacio.

El significado que le damos a la vida va tornándose diferente según el escenario en el que nos desenvolvemos y según el flujo de información que recibimos, que se une a la que nos ha sido legada o a la aprendida consciente o inconscientemente. Ello es lo que nos lleva a la acción emotiva que es el punto de partida para la acción social operante.

Una nueva estética se va conformando con el transcurrir del tiempo. Nuevos aprendizajes y percepciones diferentes de nuestro entorno propician el cambio de lo pasado que se aleja pero a su vez permanece en nosotros.

El recalentamiento de las categorías sociales, cede el paso al caos. Lo primero induce a la relegación de las corrientes de pensamientos en las que el mundo se ha apoyado, que ya no son suficientes para dar respuestas a lo que nos preguntamos, y el segundo marca la discontinuidad de los procesos, configurándose un estado de la nada.

Ambos manifiestan las crisis y por ende los cambios de los modelos civilizatorios, en todos los órdenes, que son legitimadores de cualquier acto de estética postmoderna. Actos que deben ser entendidos al analizar al individuo, en su tiempo y espacio, con las consecuencias que de ellos se deriva.

Es la secuencia de ordenamiento de la humanidad que se inicia con el caos, pasa por el desorden para conseguir el orden. El mito es el freno. Es el gran paradigma, que imaginario e intangible controla y ordena. No se refuta. Es aquello que no puede cuestionarse.

Un recinto muy amplio, rodeado de jardines, huertos, vista altiva y soñadora, capaz de acoger a grupos de hasta más de 100 personas, es el ambiente que enmarca el hecho cultural y sus protagonistas que nos proponemos analizar. El lugar permite que se entremezclen amplios espacios de reunión, para realizar dinámicas de grupos, con las áreas de dormitorios femeninos y masculinos, separados unos de los otros. Al retirarnos a dormir, sus puertas de reja son cerradas impidiendo el posible paso de un sexo hacia el otro. Ello   informa de una cultura occidental y cristiana de épocas pasadas.

Una amplia capilla, se convierte en salón de trabajo al esconder con grandes puertas de madera el altar. Sólo nos queda a la vista un gran mural que presenta a un Dios observador, que impregna el ambiente de respeto y solemnidad. El mito se asoma. El animismo, concepto adoptado por Edward Burnett Tylor, en sus estudios del hombre, como principio de que la idea religiosa es inherente al ser humano se mostró resplandeciente.

El hermano Agustín, regente de esta casa de la congregación claretiana y que lleva como ella el nombre de "Casa Claret", en los altos de Los Teques legendario, es el símbolo del orden y el respeto. Se pasea por toda la casa. Sólo con verlo, edad avanzada, comprensivo y tierno, se erigió en el pilar de los valores cristianos que allí se veneran. Mito, rito y culto se sentían con su presencia.

Convertirnos en etnógrafos y hasta arqueólogos empíricos fue nuestra meta. Con las armas en las manos de las enseñanzas recibidas durante el semestre que finaliza, nos dedicamos desde el primer instante de nuestro encuentro, a la observación del grupo que conformábamos. Objetos concretos, las personas y los acontecimientos, que intervenían en el hecho cultural, fueron nuestros blancos para poder valorar y descubrir las categorías participantes en él, lo que planteamos como primordial para descubrir el porqué de lo que allí sucedía y sucedería.

Phillip K. Bock fue nuestra inspiración aceptando lo que afirma sobre lo importante de la observación, de primera mano, del comportamiento social desde un punto de vista relativista. Entrar en ese laberinto. Investigar como influye en la mente humana el poder de culturas generacionales con sus pensamientos y religiones. Plegarnos a la mayor objetividad y conscientes de que las descripciones y enjuiciamiento de todo acto que hiciéramos ya de por sí podría estar prejuiciado por lo que somos, estuvo en nuestras mentes.

Eso fue lo que hicimos. Tomar en cuenta que lo que para uno puede ser lo ideal para otros puede no serlo. Lo que para uno puede ser importante o transcendente para otro puede convertirse en motivo de burla o ser visto como algo irrelevante. .

La prueba de la vivencia involucró la ACULTURACIÓN. Conocer y tratar de vivir experiencias de otras culturas fue harto difícil para la mayoría de los participantes. Simplicidad y complejidad se hicieron presentes. La simplicidad en los hechos rutinarios que conforman nuestro acontecer cultural. Y suma complejidad al momento de ser obligados a despojarnos, aunque fuese temporalmente, de esa nuestra cultura. Imposición violenta e importante contra muchos de los presentes y tal vez no para otros. Coercitivo se puede llamar el intento.

Ello se hizo sentir, porque aunque no fuimos obligados "a asistir" al seminario "o a intervenir" en las dinámicas, ello involucraba la nota final de una materia. Prevaleció la autoridad occidental del ente universitario contra todo orden personal, lo que pudo causar deficiencias en el proceso en sí de una aculturación forzada aunque por suerte momentánea.

No es que la cultura no sea cambiante. Se busca o se logra según la necesidad de cada quien. Nuestra capacidad biopsicológica nos permite compartir y aceptar otras culturas, otros modos de actuar. Somos adaptantes, pero son procesos lentos de cambio que necesitan del tiempo. Aquí empezó a confirmarse nuestra hipótesis. No se puede transmitir en tres días, ni en meses, modos de vivir y de pensar que tardaron siglos en gestarse en culturas diferentes a la nuestra.

Entender a esta comunidad que se formó en este espacio determinado, por pocos días, nos obligó a observar las partes que conformaban el sistema. El reconocimiento territorial para la mejor observación se hizo desde el centro y su periferia o viceversa. Las estructuras que lo componían nos daban informaciones íntimamente ligadas, hablaban de lo que en ella prevalecía y marcaban el ritmo cultural existente. Grupos de seis, cinco y hasta sólo dos personas comenzaron a posicionarse de su propio terreno.

El facilitador se erigía en dueño y señor de la verdad. Así se percibía. Así lo comunicaban los asistentes con sus acatamientos a lo planteado por él. Inhibidos y desinhibidos según las propia percepciones de lo que acontecía. Rechazo, miedo o discreción se manifestaron con claridad cuando éramos invitados a realizar experiencias desconocidas.

La pretendida unidad de todos con todos era el principio de la convivencia. En momentos se lograba para volver al ritmo normal del hombre y su hábitat que lo comprende, lo motiva o lo satisface. Comenzó a conformarse los espacios tridimensionales en que convivieron no un sólo grupo sino varios de ellos. Así se dieron los clanes dentro del grupo madre. Comportamientos diferentes de cada uno de ellos en relación con el hecho que se vivía, volviendo a la normalidad cuando la propia cultura imperaba.

El estudio del Emic y del Etic, perspectivas tanto del actor como del observador, de Phillip Kottak, surgió en nuestras confidencias del estudio del colectivo. Despojarnos de esquemas preconcebidos para entender los comportamientos y comprender la realidad que se vivía fue un gran esfuerzo. Cómo vemos nosotros las actuaciones de los integrantes del grupo y lo que tiene sentido para ellos. Entender su visión para con los demás. Cómo veíamos, cómo nos veían y nos entendíamos se fue logrando. Nuestras notas iban creciendo.

Una rueda formada por los 47   participantes logró un círculo grande y abierto. Parados todos unos al lado de otros. Comenzó la actividad ordenada de observarnos todos a la vez. No mirar sino ver. Buscar, hurgar en cada uno de aquellos rostros.   Experiencia que para unos, al parecer, resultaba íntimidante al desviar sus miradas de los ojos exploradores, y para otros, también al parecer, resultaba graciosa y hasta ridícula.

La categoría costumbre, de nuestra cultura, de que no solemos observar detenidamente a una persona si ella sabe que es observada prevaleció. Un rasgo cultural muy propio de nosotros. Nuestras reglas sociales estaban, sin los protagonistas darse cuenta, ordenando.

La cultura consciente o inconsciente que todos llevamos en nuestro ser comenzó a florecer al darse inicio a la prueba de dar y recibir caricias. Los patrones culturales nuestros establecidos del significado macho y hembra, que relaciona caricias con el sexo refulgieron en el recinto. Murmullos, risas, y nerviosismo se manifestó entre los allí presentes. Proceso aleatorio el de la selección de la pareja. Hombre con hombre. Mujer con mujer. Edad madura con jóvenes, etc.

Los símbolos internalizados de cada uno de aquellas personas frenaban el intento de acariciar el rostro, los hombros, brazos, cabellos de la persona que tenía enfrente. Manos rígidas que casi no se atrevían a tocar un cuello o una mano. Caras coloreadas por el significado que ello tenía internamente. Posturas nerviosas. Si bien es cierto que otras culturas expresan sus sentimientos sin ningún recato, es precisamente eso. ¡Otra cultura!

El tabú del sexo volvió a intervenir en forma inconsciente y contundente en los ejercicios siguientes. . Aunque se sabía de antemano que el respeto era exigido, en lo referente a relación genital, el sólo acercamiento de hombres desconocidos a las mujeres presentes o, más aún, el tratar de hacerlo entre personas de sexos iguales, como algo natural, con abrazos y posiciones muy cercanas a los genitales hacía ruborizar a más de un participante en el ejercicio.

Surgió así la importancia del estudio que de la simbología hizo Leslie A White, en el siglo XX, que le hizo rechazar la existencia de un comportamiento individual del hombre al éste ser dependiente de la creación de una simbología definida para el común de los grupos.   Cada gesto, cada postura, cada palabra, de un individuo participante en el ejercicio que se llevaba a cabo contenía en sí una carga valorativa y connotativa de nuestra cultura.

La experiencia de amarse y acariciarse en público, con la connotación que en otras culturas ello tiene, como es la satisfacción de la necesidad del hombre de tocar y ser tocado, sin prejuicios de ningún tipo no superó la barrera de nuestra propia realidad cultural, que a cada uno nos marca desde un pasado muy remoto. Símbolos que, según White, se perpetúan en el tiempo de generación en generación.

El método comparativo para nosotros, igual que para Franz Boas, no fue el preferido, ya que cada cultura o grupos pueden tener similitudes y desigualdades basadas en sus propios procesos históricos. La observación participativa fue nuestro método. Inducir para después analizar, evaluar y deducir. Comenzar de lo particular, de las informaciones dadas por nuestros confidentes entrevistados, para llegar a lo general sobre la totalidad del ambiente observado, lo que nos confirmó que los individuos con sus actuaciones forman colectivos que acogen procederes con los que se identifican. Lo psicológico prevaleció en el común de los integrantes. La mente dominó al cuerpo en sus intentos por cambiar el ritmo que marcaba su propia cultura.

La risa fue un común denominador cuando los participantes eran "obligados" a ejecutar algún ejercicio que ponía a prueba su capacidad de adaptación a técnicas que son comunes en otros mundos culturales. Ella, la risa, fue el refugio de lo impenetrable de un mundo preconcebido.

Los símbolos y códigos, con sus correspondientes significados, surgieron cuando se trató de establecer contacto cuerpo a cuerpo en el ejercicio denominado "el tractor". Cada uno de los participantes debía   rodar, dando vueltas, por encima de los cuerpos de los restantes compañeros, acostados en el suelo, para sentir el latir y el contacto de cada uno de ellos.

Resultó una prueba, a decir de los informantes, con poco sentido para muchos. Fue tomada, por un gran número de personas, como la espera   del posible daño que el peso corporal del llamado tractor, pudiese ocasionar en los participantes, olvidándose la verdadera esencia y sentido del acto. Esto en otras culturas es importante este ejercicio para disfrutar del contacto de seres de quienes ni siquiera interesa conocer su rostro.

En el proceso de despojarnos de las situaciones inacabadas que a todo ser afecta, se palpó intensamente cómo tantos individuos cierran su ventana interior. Sólo muestran su ventana pública. Viven procesos inacabados que consume sus energías y los imbuye en un mundo de soledad. Quizás, sobre esto   no se pueda decir que pertenece a una u otra cultura.

Es como el animismo, que se necesita de un Dios, y en lo anterior se refleja como una necesidad del hombre de estar consigo mismo. Sin duda alguna ello influye en el comportamiento de los seres.   Es su historia de vida. Su argumento existencial que influye en sus procederes junto con las   circunstancias y valores que le rodean en el momento determinado.

El método utilizado por Boas de aislar y clasificar las causas que intervienen, según las condiciones externas e internas, en las que vive el hombre en un momento dado, y que pueden afectarlo, fue tomado en cuenta por nosotros. Analizar las dramatizaciones de dos participantes al contar un problema personal fue para nosotros, y para muchos de los allí presentes, digno de ese análisis que propone el citado autor. Después de una encuesta efectuada con prudencia, para conocer cómo observadores, catalogaron el hecho, nos remitió a las visiones de P. Kottak. Indudablemente, para muchos fue un conflicto intrascendente, precisamente por no ver más allá de lo presente, no insistir en conocer esas condiciones de las que habla Boas. Para las dos personas involucradas lo que vivían era de una magnitud sorprendente. Lo valorativo interno privó en observados y observadores.

La carga valorativa que para cada cual tiene el hecho cultural que vive es totalmente diferente. Las visiones de lo sucedido las hicimos compartidas. Acercarnos a la verdad del hecho consistió en analizar esas diferentes visiones para aproximarnos a la supuesta verdad, teniendo en cuenta que la realidad puede ser construida por el hombre.

Al tener las dos visiones la aproximación a la realidad se hizo más patente. Cada cultura, cada sociedad, cada grupo y cada individuo son mundos diferentes.   Investigar las causas de los comportamientos citados y no compararlos con otros fue el aprendizaje.

Tomar en cuenta la realidad del entorno fue otro elemento más del análisis.   El planteamiento de Levi-Strauss, de que los modelos establecen el orden y regulan a los individuos y grupos también se trabajó   No es fácil separarse de ellos aunque lo intentemos. Analizamos rasgos presentes en el universo estudiado como mitos, ritos, culto, socialización, división entre los mismos, defensa del yo interno y resistencia al cambio.

A estas alturas de nuestro trabajo el mapa levantado para el mismo nos indicaba que las observaciones realizadas   eran de importancia. Nos permitió aislar categorías predeterminadas como valores, jerarquías, motivaciones, simbolismos, tradiciones, costumbres, tabúes, moral, principios, o simplemente conflictos internos de orden psicológicos. Por ello pensamos que, como dice Bock, entre las responsabilidades de un antropólogo debe estar el que no sólo el método científico sea el que lo guíe.

De las observaciones en el trabajo de campo   pensamos que una de las ramas que debe erguirse como importante en el trabajo del antropólogo es aquella que este autor ha denominado "Antropología Psicológica". Una de las tantas que se han propuesto como la forma de encontrar un enfoque integrado para estudiar las diferencias culturales y sus consecuencias debido a las interrelaciones entre ellas.

Observar para luego inferir continuó siendo el norte del trabajo. Poco a poco fueron surgiendo las interpretaciones provisionales, despojándonos cada vez más de nuestras propias visiones por ser observadores y participantes de un hecho de nuestra propia cultura. Aunque ello, en vez de alejarnos de la verdad nos confirió el derecho de poder entender aún más el proceder de los observados. Nosotros también tuvimos que hacer un gran esfuerzo para superar nuestras barreras culturales y aceptar actuaciones no cónsonas con nuestras creencias.

En la continuación de los trabajos de crecimiento interno, en busca del despojo de los tabúes que nos separan de otras culturas, asistimos a ejercicios que ponen en práctica, para resolver sus conflictos, comunidades indígenas como la de Los Yanomami. Cuando en esta etnia se presentan, entre individuos del grupo, diferencias de pensamiento ello se resuelve mediante el desarrollo de la denominada "Silla Guaica".

La solución del conflicto la buscan los individuos sentados en el suelo con las piernas de uno entrecruzadas con la del otro, que simboliza estrechar los lazos perdidos. El proceso de esta búsqueda puede durar toda una noche e inclusive días, en la misma posición. Así superan sus diferencias personales. Método difícil de aceptar, en pocos instantes, en nuestras vidas. Lo exótico dominó.

El último de los ejercicios realizados confirmó que estamos atados a no hacer actos que no pertenezcan a nuestra cultura y convicciones, en presencia de otros. Los 47 participantes fueron invitados a taparse completamente con una sábana. Nadie sabía quien estaba a su lado. Qué hacía bajo aquel manto que lo cubría. Allí cada cual podía acariciarse a sí mismo, reírse, burlarse de todo, de las normas sociales y hasta de él mismo. En fin, estar en su propio mundo fuera de las miradas indiscretas.

El Bolero de Ravell se dejó oír en el recinto. Las figuras paradas, tapadas con sábanas, a media luz, empezaron a moverse lentamente a medida que la música iba in crescendo. Parecían fantasmas. Sin embargo, todos al unísono continuaron su ejercicio. No hubo resistencia. No hubo temor. Se demostró en este grupo que el hombre es preso de su cultura. Si es observado se cohibe. Si no lo es se desinhibe.

El problema analizado sobre las confrontaciones y tabúes respecto al sexo y la apertura del yo interno, surgidos durante la convivencia descrita, se trabajó tomando en cuenta los antecedentes que nuestra cultura impone en relación con ello.   La relación espacio-tiempo en la que se ubicó el hecho cultural fue analizada con la visión interna (Emic) y nuestra propia visión de observadores (Etic). Lo que implica ser observado y ser observador inmiscuyéndonos en el hecho por los deseos de interpretar lo que nuestros observadores podían estar sintiendo. Descubrir si nosotros sentiríamos igual o no.

El comportamiento inhibitorio o de rechazo a las prácticas de otras culturas nos confirmó que cada sociedad, o cada grupo, es un mundo en sí mismo. También nos ratificó cómo influencia en la formación de grupos, la necesidad del individuo de reunirse con quienes se apegan a su pensamiento, costumbres y tradiciones.

El acercamiento a la situación permitió entrevistas, y participación directa, pudiendo así palpar como el hecho de tratar de imponer, o forzar a una forma de actuación diferente a nuestra propia cultura (ACULTURACION), puede ocasionar una transformación que trae caos, desórdenes, incertidumbres. Iniciarse en un proceso requiere tiempo

Concluimos que aunque el tiempo de convivencia fue muy corto el aprendizaje se hizo presente. Tratamos de actuar como otras comunidades culturales lo hacen y fue difícil para el común de los allí presentes. Fuimos nosotros mismos los protagonistas del comportamiento de esas otras culturas, y a la vez los observadores de ello. La heterogeneidad del grupo relacionado con: edades, valores, principios, costumbres, creencias, etc., sirvió de comparación para contastar que aún dentro de una misma cultura, como la nuestra, se amalgaman visiones y actuaciones diferentes, que hablan de los procesos vividos por cada persona. Del argumento de vida de cada cual.

El espacio en el que se desarrollo el hecho también tuvo su influencia.

El ser un sitio de recogimiento espiritual. De vida dedicada al Dios cristiano, religión que la mayoría profesa, influyó en crearse un ambiente de mayor respetuosidad. También se desarrollo un espacio de jerarquías. El facilitador tomó el puesto principal. Siguió en la escala participantes con mayor desarrollo intelectual que otros que jerarquizó el comportamiento de unos frente a otros. Surgieron liderazgos. Se puede catalogar el grupo como un colectivo ni frío ni caliente al   estar dispuesto a la aceptación de cambios en algunas áreas y no en otras.

En definitiva, la ACULTURACION, vista desde la experiencia vivida, es un proceso lento pero que debe ser tomado en cuenta para el crecimiento interno. Tomar de otras culturas lo que nos ayude a crecer será efectivo en todo momento porque nos servirá para analizar los hechos desde diferentes visiones.

Lo aprendido en la materia Comunicación y Cultura, sin duda alguna   nos permitirá en nuestra profesión de Comunicadores Sociales ver más allá del hecho en sí. Darle significado a los símbolos y códigos que hablan del por qué de los comportamientos. Lo trascendente. Interpretar lo que pueda ser culturalmente determinable, mediante las especificidades y las expresiones que producen la diferenciación. Cómo influye en el comportamiento la relación del medio ambiente con el hecho, partiendo de que existe una actitud humana universal basada en nuestros propios orígenes y costumbres provenientes de las instituciones religiosas. Situación que se ha vuelto compleja al aparecer las sociedades que propician el surgimiento de culturas mentales particulares

Generar grados de conciencia que nos permitan disentir sobre lo que debemos aceptar y rechazar será nuestro deber como periodistas, porque la cultura no se queda allí en lo que muestra la prensa. El hecho noticioso es más que eso, es algo que tenemos que abordarlo desde nuestras propias visiones sin subestimar que lo que nos parece simple puede ser una gran noticia si indagamos en su fondo. Sólo así podremos emitir juicios sensatos.

> **Investigación-acción.** Se recomienda en el momento que el estudioso desea conocer una realidad particular o un problema concreto de una agrupación, además de pretender resolverlo. En este tipo de análisis, el autor, sujeto o investigador se sumerge en todas las etapas del proceso, es decir, se convierte en co-investigador.

> Entre estas fases cabe destacar el planteamiento del problema, la recolección de la información, interpretación de la misma, planeación y ejecución de la acción concreta para solucionar el problema y evaluaciones del trabajo desarrollado. Es un tipo de investigación que se podría calificar como de avanzada porque su objetivo consiste en que las personas concieticen sus problemas y generen solución a los mismos. Es decir, que sean autogestionarios y proactivos.

➤ **Recolección de información.** Los instrumentos, procedimientos y estrategias dependerán del método seleccionado. Entre estos cabe destacar a observación participativa y la entrevista semiestructurada. El rigor metodológico exige la descripción y justificación de cada uno de ellos. En la investigación cualitativa estos aspectos se manejan con flexibilidad, eficacia y con niveles de adaptabilidad, según lo requiera las circunstancias y la evolución de la investigación.

➤ **Muestra.** En este aspecto, de nuevo se debe resaltar el valor sistémico de la investigación cualitativa, vinculada al objeto de estudio, bien sea una persona, una institución o un grupo étnico. En este aspecto, también es fundamental dar mayor relevancia cualitativa a la muestra justificando los criterios para seleccionarlas, de acuerdo a su relevancia e interés tanto para el investigador como para los objetivos de la investigación.

Las modalidades de muestras son fundamentalmente la estadística o probabilística y la intencional o basada en criterios. En el primer caso todos los elementos que constituyen la muestra tienen la misma probabilidad de ser seleccionados. Entre este tipo de muestra se encuentran la transversal, longitudinal, de cohorte y de panel.

En el segundo caso es aquella en que, según Hernández Sampieri y otros, los elementos se escogen de acuerdo a una serie de criterios justificados y fundamentados, en atención a los objetivos e intereses de la investigación. Este tipo de muestra tiene un valor más cualitativo que cuantitativo y hace énfasis en casos más representativos y paradigmáticos.

En la investigación cualitativa la muestra estadística se considera inadecuada o inoportuna cuando no han sido identificados los rasgos que caracterizan a la población más amplia, o en el caso en que los grupos no están suficientemente delimitados o cuando no se busca la generalización como objetivo relevante. También, cuando las características a estudiar están distribuidas de manera desigual entre los grupos o cuando sólo algunos rasgos de la población son importantes para la problemática objeto de estudio o cuando el autor del trabajo no tiene posibilidad de acceso a la totalidad de la población.

La muestra no probabilística o intencional da un gran valor a los informantes claves, es decir, personas con conocimientos especiales, status y buena capacidad de información, atributos que a su vez son los criterios validos paras seleccionar a los integrantes de este tipo de muestra.

Por ejemplo, si vamos a elegir a los componentes de una muestra como la señalada en un departamento, institución, empresa o cualquier otro grupo humano, podemos partir de considerar aquellos individuos que cuenten con mayor tiempo, experiencia, o manejo de información sobre el tema que estamos investigando y dicha selección debemos argumentarla con suficiente solidez.

Procedimientos e Instrumentos de la Investigación Cualitativa

Están constituidos básicamente por la observación directa o participativa y la entrevista semiestructurada. En la investigación cualitativa se sustituye el proceso de validez y confiabilidad por las técnicas de triangulación, que son dos. La primera constituida por diferentes fuentes de datos, de diversas perspectivas teóricas, de observadores variados y de una amplia gama de procedimientos metodológicos. La segunda integrada por l grabaciones de audio y video que le permitirán observar y analizar las situaciones de manera recurrente y con el apoyo de otros investigadores, lo cual facilitará el proceso de corroboración estructural del trabajo.

La Observación Participativa

Este procedimiento es lo más parecido a la labor que debe realizar todo actor para representar su papel con maestría. Consiste en que el investigador se sumerge en el contexto y modus vivendi de los grupos que quiere investigar, interrelacionándose con ellos, sus usos, costumbres y estilos de vida.

Esto sólo será posible si él desarrolla una adecuada técnica de rapport para lograr la confianza y que le sea permitido el ser aceptado en esos grupos. Una vez que esto es posible y que observe detenidamente todas sus actividades, deberá ir tomando notas detalladas en el lugar de los hechos, las cuales revisará luego para ampliarlas o reorientarlas en caso de ser necesario.

Esta interrelación que debe generar el investigador con dichos grupos requiere de que este se familiarice con todos los códigos lingüísticos, en particular cuando se trata de jóvenes. También deberá conocer el soporte cultural ideológico que da sentido y valor a las actividades de esos grupos, los aspectos importantes y no tan relevantes, además de las percepciones que tienen las personas entre si y las evaluación que hacen de su participación dentro de los mismos grupos y otros programas.

Las preguntas que el investigador puede tratar de responder con todo el proceso descrito son: Quién, Qué, Dónde, Cuándo, Cómo y Por qué. La descripción debe ser rica, minuciosa y detallada. Luego tendrá que identificar los datos más relevantes que lo apoyarán para el análisis de las diversas situaciones o eventos. Este mismo criterio se aplica para las expresiones más representativas y coloquiales que también deberán ser recogidas literalmente e inclusive, citarlas después entre comillas como testimonio de los hechos y realidades observadas.

El investigador prestará atención pormenorizada a posibles elementos de conflictos, discusiones o riñas. Este diario realizado con el mayor esmero y detalle servirá como muestra de la honestidad y "objetividad" de la observación realizada en la investigación. De igual forma, se sugiere que el autor del trabajo establezca la mayor conexión con la percepción que va obteniendo a través del proceso de la observación participativa.

Es común, ver a muchos investigadores que finalizan el informe y luego aunque estén en otra actividad , cuando se conectan con el estudio, generan una sensación que los lleva a incorporar nuevas ideas que pueden haber pasado por alto. Esta actividad también se conoce como limpiar la redacción, en la medida que se realizan ajustes a la misma. Cuando el investigador logra esa conexión y le surge alguna idea nueva, es como si una fuerza grande se apoderara de él, que lo lleva a plasmarla como si se tratase de un artista empeñado en crear una obra de arte.

La Entrevista Semiestructurada

Se basa fundamentalmente en un diálogo espontáneo y en la interacción que se va generando a partir de éste, entre el investigador y su interlocutor. En tal sentido, se va conformando una imagen del entrevistado en la mente del investigador basada en su lenguaje, tono de voz y expresión corporal. Todo este proceso de observación sirve para definir problemas, guiar perspectivas, aclarar términos, crear criterios de juicios, entre otros.

El contexto verbal en particular facilita motivar al interlocutor, aumentar su interés y colaboración, valorar sus logros, disminuir los formalismos, así como evitar posibles falsificaciones, exageraciones o distorsiones. Esta situación también tiene una connotación psicológica porque busca estimular su memoria, ayudarle a explorar, identificar, conocer y aceptar hasta sus vivencias inconscientes.

De la interacción señalada surgen los límites o alcances para el planteamiento del problema e inclusive los criterios para decidir si las preguntas deben estructurarse en su totalidad o dejarse abiertas y hasta qué punto conviene sugerir o dar una solución o respuesta.

Para Martínez (2004) toda la caracterización descrita convierte a la técnica de la entrevista en un arte. Según Kavale, citado por Martínez, el propósito de la entrevista de investigación cualitativa es obtener descripciones del mundo vivido por las personas entrevistadas, con el fin de lograr interpretaciones fidedignas del significado que tienen los fenómenos descritos.

Esta fase del método cualitativo culminará con la recolección y descripción de una amplia parte del material o datos obtenidos en entrevistas, observaciones, grabaciones y anotaciones que se considere suficiente para iniciar una sólida categorización o clasificación que también pueda nutrir un buen análisis, interpretación y teorización, que conduzcan a resultados óptimos.

En síntesis, se puede decir que la entrevista semiestructurada se diferencia de la estructurada, utilizada en las investigaciones cuantitativas, en que para realizar esta última, el investigador prepara la totalidad de preguntas que va a hacer, bien sea en lo que se llama guía o guión de entrevista o en el cuestionario; en tanto que en la entrevista semiestructurada, el estudioso hace algunas preguntas, prepara un guión mínimo y luego en el transcurso de la cesión, repregunta o realiza nuevas interrogantes, según se desenvuelva la entrevista con el entrevistado o interlocutor.

Fases de la estructuración

Esta etapa tiene por objetivo describir las fases y procesos que facilitarán la estructura teórica probable contenida en el material recolectado en entrevistas, observaciones de campo, grabaciones y filmaciones. El proceso global requiere la categorización, la estructuración, la contrastación y la teorización. Este análisis permitirá que surjan en la visión del investigador las categorías o expresiones que las describan de la manera más efectiva, así como las propiedades o atributos más pertinentes para su especificación. De igual forma, se podrá presentar paso a paso la estructura teórica que los integre en un todo coherente y lógico.

En este caso, cabe destacar, o se puede afirmar, que en eso consiste el arte de la investigación, en lograr una armonía y una interrelación entre todas las partes que conforman su estructura.

En otras palabras, la categorización se refiere al análisis de contenido de la información recogida en instrumentos como la entrevistas y la observación participante, mediante métodos como la repetición y contabilización de palabras. Esta modalidad de investigación también se puede desarrollar mediante el subrayado de nombres, verbos, adjetivos, adverbios o expresiones con mayor relevancia y fuerza descriptiva.

Categorización

Martínez (2004) conceptualiza categorizar como clasificar y codificar a través de un término; o expresiones breves que sean claras o inequívocas, extraídas del contenido o idea central de cada unidad temática, la cual puede estar conformada a su vez por uno o varios párrafos o escenas audiovisuales.

En otro orden, el autor citado en el párrafo anterior define la fase de la estructuración como aquella que ilustra el procedimiento y el producto de la verdadera investigación, es decir, cómo se produce la estructura o síntesis teórica de todo el trabajo y también cómo se evalúa.

 Para llegar a esta fase es necesario que el investigador se comporte como un ser capaz de interpretar situaciones y esto es posible en la medida que se conjuguen o fusionen las expectativas y prejuicios de él, con la esencia del objeto o proceso que observa.

Para Martínez (2004) la forma más concreta y práctica de hacer la categorización es transcribir las entrevistas, grabaciones y descripciones en los dos tercios derechos de las páginas, dejando el tercio izquierdo para la categorización, recategorización y anotaciones especiales.

Contrastación

Este aspecto consiste en comparar y contrastar las conclusiones del trabajo con las de otros investigadores, cuyos hallazgos fueron presentados y descritos en el marco teórico referencial. Este proceso enriquece la investigación al relacionar y contraponer sus resultados con otros estudios similares. De igual forma, permite una integración más amplia del conjunto de conocimientos del área tratada. Desde esta perspectiva se podrá reformar, mejorar o ampliar las conclusiones, para presentarlas bajo otros enfoques y con la utilización de categorías diferentes que afianzarán la comprensión del objeto de estudio.

Cabe destacar la importancia de la contrastación descrita. Es común en muchos investigadores y tesistas, citar autores, o síntesis de sus obras, sin ni siquiera establecer una relación con sus investigaciones. Esto es un error, porque en este caso la labor se limita a una simple compilación sin análisis ni explicar los aportes que brindan las investigaciones consultadas al trabajo que se está realizando. Cuando se habla de aportes, estos pueden consistir en un agregado de valor al marco teórico referencial, la estructuración del marco metodológico, el diseño del planteamiento del problema o la contrastación de las conclusiones.

Teorización

Consiste en el perfeccionamiento de la contrastación. Trata de integrar en un todo coherente y lógico los resultados y hallazgos de las investigaciones que se están realizando, mejorándolas con los aportes de los autores citados en el marco teórico referencial, después del trabajo de contrastación. Sus actividades se traducen en percibir, comparar, contrastar, añadir, ordenar, formar nexos y relaciones, además de especular. Se puede afirmar que el proceso cognoscitivo de la teorización es descubrir, manipular y establecer relaciones entre las categorías.

Es importante destacar la observación que hace Einstein, citado por Hanson en (Martínez, 2004, pag.21). Dicho autor señala que caen en un error aquellos teóricos que atribuyen el resultado de la teoría como un proceso inductivo generado por la experiencia. De acuerdo con Martínez una teoría consiste en una construcción mental simbólica, verbal o icónica, de naturaleza conjetural o hipotética, que obliga a pensar de una nueva forma , al completar, integrar, unificar, sistematizar o interpretar un cuerpo de conocimiento que hasta el momento se consideraban incompletos, imprecisos, inconexos o intuitivos.

En consecuencia, la teoría puede definirse como un modelo ideal, carente de contenido de observación explícito que presenta una estructura conceptual inteligible, sistemática y coherente para ordenar los fenómenos. También puede conceptualizarse como un sistema de hipótesis, fórmulas y leyes establecidas, incorporando en su síntesis lo conocido perfectamente hasta aquellos aspectos que constituyen sólo una sospecha.

Knapp (1986) citado por Martínez, hace una síntesis de las actitudes que pueden guiar al investigador cualitativo:

> Un enfoque inicial exploratorio y de apertura mental ante el problema a investigar.

> Una participación intensa del investigador en el medio social a estudiar.

> Empleo de técnicas variadas e intensivas de investigación, dando mayor relevancia a la observación participativa y a la entrevista semiestructurada con informadores claves.

> Un esfuerzo explícito para comprender los eventos con el significado que tienen para quienes están en ese medio social.

> Un marco interpretativo que destaca el papel relevante del conjunto de variables en su contexto natural para el establecimiento de la conducta, y que hace énfasis en la interrelación global y ecológica de la conducta y de los eventos dentro de un sistema funcional.

> Resultados escritos en los que se interpretan los eventos de acuerdo con los criterios señalados. Así mismo, se describe la situación con riqueza de detalles y de forma tan vivencial que el lector puede sumergirse en dicha realidad con una sensibilidad profunda al respecto.

Para fortalecer las técnicas de análisis de los métodos cualitativos, los investigadores pueden acudir al programa computarizado denominado Atlas-Ti, que se consigue en librerías.

Como reflexión final, en referencia a las características sobre la investigación cualitativa, al vincularla con los proyectos comunitarios y la investigación cuantitativa, el autor de este texto, Arnoldo Claret Veliz, plantea como reflexión que la labor investigativa se puede y se debe asumir como la pasión por la búsqueda del saber permanente y no como un fin dogmático o basado en ideologías políticas o de cualquier tipo.

EJEMPLO DE UN PROYECTO DE GESTIÓN PÚBLICA ESTADAL

Proceso De Planificación Y Gestion Pública Estadal En La Gobernación Del Estado Sucre

Este ejemplo es un aporte ilustrativo y práctico sobre la forma efectiva de desarrollar proyectos a nivel regional y local. De allí la importancia de incorporarlo en este texto. El autor de este libro participó activamente como consultor del Programa de las Naciones Unidas para el Desarrollo (PNUD) como experto en seguimiento y evaluación de gestión, acompañado de la economista Sonia Pineda, asesor económico de la Dirección de Planificación y Presupuesto, en el período de febrero a noviembre de 1994.

El ejemplo anteriormente citado consta de la descripción del proceso y la información de las actividades desarrolladas por el equipo de planificación y gestión pública estadal. Además, de la aplicación o utilidad de los resultados para la gobernación y municipios y los factores de viabilidad así como las limitaciones del proceso y sus perspectivas.

La situación de la gobernación del Estado Sucre en materia de planificación y gestión pública estadal, antes de iniciarse el proceso de intervención en el área, era similar a la que caracteriza al resto de las gobernaciones del país: Inexistencia de sistemas de planificación y evaluación de la gestión, falta de documentación de métodos, de sistemas y procedimientos en el sector. A un año de iniciada la gestión del gobierno del Estado, la función de planificación permanecía acéfala, como consecuencia de la supremacía de otras áreas y prioridades sobre ella.

En otro orden, la gestión de los diversos sectores de la región adolecía de sistematización y coordinación en relación a los proyectos que pretendían emprender. No existía hasta ese momento un proceso orientador de la acción del gobierno, como era el plan trienal de desarrollo con que se contó posteriormente. En consecuencia, tampoco se contaba con una estrategia para realizar la erogación de recursos en términos de los programas de desarrollo prioritarios para el Estado.

La división de planificación permanecía totalmente inactiva y desconectada del resto de las unidades de la gobernación. En este contexto, se inició el proceso de intervención en el componente de planificación gestión pública estadal, en el marco del proyecto de modernización de la Gobernación del Estado Sucre, titulado Ven /93/ 0/0 en convenio con el programa de las Naciones Unidas para el Desarrollo.

A continuación se ofrece una sinopsis de dicho proceso con el propósito de brindar una visión sobre las posibilidades y limitaciones que tiene este tipo de intervención en la gestión pública regional y local .

Informe De Las Actividades Desarrolladas Por El Equipo De Planificación Y Gestion Publica Estadal En El Periodo Febrero-Noviembre 1994.

Una vez recibida la descripción general del proyecto de modernización de la Gobernación del Estado Sucre, se procedió a laborar un plan de trabajo específico para el área de planificación y gestión pública estadal, el cual se detalla a continuación:

- Elaboración de una matriz tipo para recabar y procesar información referente al Estado de las propuestas, proyectos, y programación, que conforman el espectro de la gestión que fue desarrollada en el período 1995. Este diagnóstico permitió tener un conocimiento bastante aproximado de la realidad del Estado incluyendo sus municipios.

- Presentación formal del equipo de planificación ante las instancias institucionales que constituían la estructura directiva del Ejecutivo Regional y exposición de los avances observados en los diferentes programas de los sectores agrícola, salud, vivienda, educación, micro-empresas, cultura, deporte y seguridad.

- Generación de reuniones particulares con cada sector para asesorarlos en la elaboración de sus proyectos específicos, con viabilidad y factibilidad para su implementación.

- Se elaboró la sustentación teórica para la matriz general de los proyectos, en la cual se vació la información obtenida con la finalidad de que el ciudadano gobernador, como gerente máximo de ese ente, conociera los adelantos en las metas y objetivos emprendidos en cada sector.

- Revisión de los documentos elaborados como proposiciones de gobierno, entre ellos el plan de los cien días, los resultados de las jornadas reconstrucción 1994 del Estado Sucre y proyecto de presupuesto.

- Revisión minuciosa y pormenorizada de cada uno de los proyectos de los diversos sectores para potenciar sus perspectivas de factibilidad y captación de recursos a través de procesos de negociación para su implementación.

- Elaboración de una propuesta para la estructura y funcionamiento del equipo de planificación y gestión pública estadal. Cabe destacar que dadas las limitaciones para insertar procesos en la administración pública, esta fase que debió desarrollarse al inicio del trabajo, fue realizada a posteriori, lo cual le dio legitimidad en términos de efectividad, ya que fue producto del propio devenir del equipo en el área organizacional en la cual éste interactúo, de tal forma que las pautas de estructuras y funcionamiento fueron tomadas a partir de la propia realidad.

- Elaboración de informes periódicos sobre la ejecución de los objetivos y metas pautados por la gobernación de los años 1993 y parte del 94. Por ejemplo, se realizó una evaluación de las obras de inversión terminadas, en proceso y paralizadas en los municipios para el año 1993. Con estos mismos criterios se extendió el avalúo hasta el primer trimestre del año 94, información utilizada por el gobernador para dar cuenta de su gestión a la sociedad civil de Sucre.

- Se elaboró un informe con los lineamientos generales que orientaron la política económica del gobierno para el ejercicio fiscal 1994-1995.

- Se creó una matriz gestionadora de calidad para el director de planificación, a objeto de apoyarlo en agilizar su gestión, racionalizar la toma de decisiones y simplificar procedimientos.

- Desarrollo y presentación del esquema de una estructura de trabajo que permitió maximizar el avance obtenido hasta la fecha en el perfeccionamiento de la viabilidad de los proyectos de todos los sectores.

- Asistencia a los talleres de gestión estratégica y de calidad en las áreas de vivienda, salud y micro-empresas.

- Participación al tercer taller de inversiones en el Estado Sucre con la finalidad de generar contactos institucionales y estrategias de colaboración y apoyo con los diversos sectores involucrados en el desarrollo de la región.

- Presencia del equipo de planificación en las reuniones periódicas con la intervención del coordinador nacional del proyecto, ingeniero Carlos Mascareño, la coordinadora estadal profesora Beatriz Ramírez y todos los consultores con la finalidad de hacerle seguimiento, evaluar y coordinar el plan de trabajo.

- Diseño de un esquema en términos de aproximación a la estructura y contenido del Plan Trienal 1994-1996, presentado en reunión de gabinete al tren ejecutivo y a todos los alcaldes del Estado.

- Elaboración de las directrices de la asignación presupuestaria para 1995.

- Constitución de la estructura de trabajo intersectorial para darle continuidad y hacer seguimiento a los avances alcanzados en la planificación y gestión estadal.

- Presentación del equipo y los avances del proyecto a las autoridades regionales y municipales.

- Realización del taller de negociación de recursos para los proyectos con todas las instancias estadales, municipales y el gobernador.

- Capacitación de los miembros del equipo en talleres de planificación y control de la gestión local, formulación y evaluación de proyectos.

- Presentación de los avances del Plan Trienal ante autoridades nacionales en búsqueda de viabilidad política y presupuestaria para la ejecución del plan.

- Vinculación de los proyectos del mismo plan con la gestión de las alcaldías del Estado Sucre.

- Relación de la acción de planificación con las divisiones de inversión y formulación del presupuesto.

- Reunión de inducción sobre la experiencia de planificación del Estado Sucre en las sedes del proyecto del Programa de las Naciones Unidas, en el Estado Anzoátegui.

- Participación en los talleres de capacitación gerencial de la gobernación del Estado.

- Presentación de los proyectos del Plan Trienal ante instituciones privadas y políticas de la región para unir esfuerzos en torno a su ejecución.

- Vinculación plan presupuesto y elaboración de cuadros de otras fuentes de financiamiento.

- Desarrollo definitivo del Plan Trienal, edición y distribución.

- Elaboración de un dossier para diseñar videos sobre el plan.

- Preparación de informes sobre los avances en planificación y gestión pública estadal para ser presentados en el Taller de Control de Gestión, con el gobernador.

- Redacción de un decreto para oficializar el grupo de apoyo a los proyectos estratégicos del Estado y sus municipios.

- Instalación de la base de datos de control y seguimiento de los proyectos del Plan Trienal.

Aplicaciones O Utilidad De Los Resultados Para La Gestion Regional Y Local.

- Organización y sistematización de la información base de la acción del gobierno.

- Dotación de gestión estratégica y de calidad a la Dirección de Planificación y a los diversos sectores que conforman la estructura del tren ejecutivo, lo cual se evidenció a través de la incorporación de metodologías y técnicas modernas en la planificación de proyectos, cuya asimilación quedó plasmada en las presentaciones posteriores efectuadas por cada sector en los avances y en la elaboración de sus proyectos; luego de las asesorías brindadas por parte del equipo de planificación y gestión.

- Los avalúos de las obras de inversión del gobierno realizados por el equipo de planificación y gestión permitieron hacer un seguimiento, acelerar los objetivos y metas establecidos en términos específicos de lapsos para su consecución.

- La elaboración de los proyectos en términos de viabilidad y factibilidad en cada una de sus fases y componentes básicos, permitieron una mayor capacidad de negociación de recursos para su ejecución.

- Vinculación entre las políticas y planes planteados por el gobierno regional y los planes de ejecución real de dichas políticas a través de la planificación y gestión. Las actividades estuvieron ajustadas a los objetivos inmediatos y a los planes de trabajo pautados. Así mismo, en la exposición presentada se evidencia la contribución de todas las actividades desarrolladas por el equipo de planificación en la solución de los problemas identificados en el Estado y sus municipios.

Factores De Viabilidad Y Limitaciones En La Implantación Del Proceso

Como factores de viabilidad se pueden señalar los siguientes:

- La metodología adoptada. Desde un primer momento el equipo de abocó a organizar de manera sencilla, pero eficiente y sistemática los proyectos de cada uno de los sectores que constituían el ámbito del gobierno de Sucre. De esta manera se dejaron de lado las viejas tendencias en materia de planificación, que consistían en realizar diagnósticos academicistas y eruditos, sustituyéndolos por un nuevo enfoque que permitió fijar mayor precisión en la realización de las metas propuestas para la gestión pública estadal y municipal a través de los diversos sectores que la constituyen. En tal sentido, se elaboró una matriz con los componentes básicos que debe llevar un proyecto sin complicaciones tecnicistas (Ver anexo No.1)

- Se organizaron reuniones de inducción con los representantes de cada sector para incorporarlos al proceso, obteniéndose una gran receptividad. Así mismo, se definió una tipología para clasificar los proyectos de acuerdo a su nivel de elaboración. (Ver anexo No.2). Esta tipología sirvió de referencia para realizar una labor de persuasión en las reuniones con los sectores, a través de la comparación del nivel de elaboración de los proyectos de cada uno de ellos entre si.

- Los sectores cuyos proyectos tenían un nivel de elaboración bajo fueron avanzando hasta lograr una formulación al mismo nivel de los proyectos que tenían o contaban con mayor nivel de definición.

- El trabajo del equipo de planificación y gestión contó con viabilidad política, la cual se materializó a través de una labor coordinada con el Director de Planificación y Presupuesto, profesor Pedro Noguera y las exigencias del ciudadano gobernador, tipificadas en la realización de talleres de evaluación y control de los proyectos estratégicos del Estado y base para la negociación de recursos.

- El establecimiento de reuniones periódicas para determinar lineamientos y evaluar los avances y limitaciones del proceso fue un aspecto táctico operacional de la vinculación entre el equipo de planificación y el nivel gerencial de la gobernación.

- Otro factor de viabilidad fue la incorporación activa de todos los sectores del ejecutivo al proceso, a través de la constitución del grupo de apoyo a los proyectos estratégicos del Estado.

- Un elemento clave y propiciador de la viabilidad en el proceso fue la propuesta para reactivar a la división de planificación. Como fue señalado en la introducción de esta descripción, dicha división y su personal permanecían relegados con respecto al resto de las unidades y acciones emprendidas por el gobierno. En ese sentido, la propuesta contuvo los siguientes aspectos:

  1) Estructuración

  Sinceración de la división de planificación con respecto a los recursos humanos: Incorporación de los funcionarios adscritos al equipo, traslado de los mismos a otras unidades de la gobernación y ratificación, entre otros.

  2) Posibilidad de contratar nuevos profesionales para integrarlos al equipo.

  3) Recursos logísticos:

a) Revisión de los archivos existentes.

b) Creación de archivos para el equipo.

c) Precisión de la disponibilidad de los equipos tecnológicos existentes.

d) Acondicionamiento del espacio físico.

4) Determinación del Centro Receptor de la Información.

5) Establecimiento de un mecanismo que permitió ofrecer los servicios del equipo a todos los posibles clientes que estaban elaborando proyectos de desarrollo regional y municipal. Así mismo, se efectúo la divulgación de los resultados y productos obtenidos, a fin de garantizar la captación de nuevos clientes, promoviendo de este modo la elaboración de proyectos en todos los sectores.

La propuesta anterior fue presentada al director de Planificación y Presupuesto con lo cual se logró que éste realizara una reunión con todo el personal de la División de Planificación acordándose lo siguiente:

- Incorporación del personal adscrito a la División de Planificación al nuevo proceso. Cabe destacar que esto fue una ratificación formal, ya que dicho personal de alguna manera estaba integrado por la dinámica misma del proceso que se generó.

- Se puso a la disposición del equipo de planificación todos los recursos logísticos disponibles en la división.

- Se estableció como centro receptor de toda la información a la División de Planificación.

- El director de Planificación y Presupuesto presentó a los miembros del equipo ante las instancias de la gobernación. Sin embargo, no fue resuelto el problema del hacinamiento laboral, como tampoco fue contratado más personal para el equipo de planificación que funcionó con cinco personas: El consultor del programa de las Naciones Unidas para el Desarrollo (PNUD), autor de este libro. Lic. Arnoldo Claret Veliz, dos asesores económicos contratados por la gobernación y dos funcionarias adscritas a la División de Planificación.

Limitaciones Del Proceso

Como limitaciones del proceso vale destacar la resistencia inicial para lograr la participación de todos los sectores en las reuniones primarias y organizar y sistematizar la información de sus proyectos, como consecuencia de la poca costumbre para realizar el trabajo de acuerdo a esta modalidad; sin embargo, estas limitaciones fueron superadas con las estrategias implementadas, ya expuestas en el renglón de viabilidad de la presente descripción.

Otras limitaciones tuvieron que ver con las condiciones laborales y de logística con que funcionó el equipo de planificación, como por ejemplo, hacinamiento laboral, carencia de las herramientas tecnológicas mínimas (teléfonos, fax, equipo mobiliario) así como también la inexistencia de una cultura organizacional de gestión y de medios que permitieran la movilización para coordinar el trabajo, lo cual requirió de imaginación y creatividad para superar las adversidades y producir a pesar de estas limitaciones. Por ejemplo, trascendiendo esta situación a través del uso de medios y recursos existentes en otras unidades de la gobernación.

EVALUACIÓN FINAL Y PERSPECTIVAS DEL PROCESO

Luego de un año de trabajo se concluyó que con los resultados obtenidos se requería en lo sucesivo desarrollar estrategias para mantener y potenciar los avances alcanzados. En ese orden, fue necesario vitalizar al equipo de planificación, poner a andar la base de datos de control y seguimiento de los proyectos, así como mantener activo al grupo de apoyo a los proyectos estratégicos del Estado.

Otra actividad fundamental era mejorar cada día la tecnología informática que era un apoyo fundamental para el proceso, así como también generar de manera continúa un efecto multiplicador del proceso a través de un trabajo de inducción constante mediante la realización de talleres con los entes involucrados.

Otras estrategias en términos de mantenimiento del proceso en el tiempo consistía en oficializar al grupo de apoyo a través de un decreto elaborado por el equipo de planificación.

Los resultados en el área de planificación y gestión pública regional y local del proceso descrito, estuvo más en función de la dinámica misma y de la experiencia que de los términos y lineamientos teóricos del proyecto, lo cual es un signo indicador sobre la forma de lograr viabilidad para las inserción de procesos en la administración pública, en los niveles señalados. De acuerdo a esta óptica fueron elaboradas las funciones del equipo de planificación y gestión pública, así como el reglamento o manual de funcionamiento del grupo de apoyo a los proyectos estratégicos del Estado. (Ver anexos 3 y 5).

La fase descrita anteriormente que debió desarrollarse al inicio del trabajo fue realizada a posteriori, lo cual le dio legitimidad al proceso en términos de efectividad, ya que fue producto del propio devenir del equipo en el área organizacional en la cual interactuó. De tal forma, las pautas de estructura y funcionamiento fueron tomadas a partir de la propia realidad. Es decir, la táctica y estrategia del proceso consistió en generar todo en la propia realidad e ir andando.

Se puede afirmar, de acuerdo a la experiencia de este proceso en la formulación de proyectos regionales y locales, que la condición necesaria o complementaria en materia de gerencia pública es la planificación, pero la condición suficiente o indispensable es el seguimiento y control de gestión. Es de esta manera, como se puede intervenir con éxito procesos a nivel local en instituciones como gobernaciones y alcaldías.

Condición necesaria es aquella complementaria de un proceso y condición suficiente es la indispensable.

ANEXOS

Anexo 1

MATRIZ CON TIPOOGÍA DE PROYECTOS

Tipo A: Cumplen con la mayoría de las fases y etapas de un proyecto, por lo cual es potencialmente negociable.

Tipo B: Cumple única y exclusivamente con la definición de objetivos y en la concepción de programas.

Tipo C: Tiene la concepción del programa, hay trabajo adelantado, pero falta la sistematización dentro de un esquema mínimo de planificación de un proyecto.

Tipo D: Son aspiraciones mínimas sin trabajo adelantado en la realización del programa.

PROPOSICIÓN DE FUNCIONES DEL EQUIPO DE PLANIFICACIÓN

Apoyar al Director de Planificación en las siguientes actividades:

- Evaluar y asesorar los planes, programas y proyectos de los diferentes sectores del gobierno local a fin de generar proyectos viables en su implementación y ejecución.

- Promover la elaboración de proyectos a objeto de adecuar la gestión de los diferentes sectores y organismos con las prioridades definidas por el gobierno regional en el Plan Trienal.

- Apoyar al Director de Planificación en el levantamiento de informes inherentes al proceso de planificación, como por ejemplo seguimiento a la gestión estadal y municipal (Construcción de obras y dotación) o de otro tipo que permitan nutrir áreas de la gestión como la formulación del plan operativo y el diseño de la política presupuestaria.

- Hacer seguimiento en la prensa del Estado Sucre y de la capital a la proyección en los medios de comunicación de la gestión del gobierno local en las áreas de planificación y ejecución de proyectos, que permita diseñar un proyecto de difusión de imagen de la gestión gubernamental con sentido de calidad.

PROPUESTA PARA LA ESTRUCTURA Y FUNCIONAMIENTO DEL PROCESO DE PLANIFICACIÓN

A)Estructura

1) Sinceración de la división de planificación con respecto a los recursos humanos, incorporación de los actuales al equipo y ratificación o realización de los traslados necesarios.

2) Recursos humanos. Considerar la posibilidad de contratar nuevos profesionales.

3) Recursos logísticos:

   a) Revisión de los archivos existentes.

   b) Creación de archivos para el equipo.

   c) Precisar la disponibilidad de los equipos existentes.

   d) Acondicionamiento del espacio físico.

4) Centro de Recepción de Información. Determinar dónde deben ser recibidos los proyectos.

B) Funcionamiento:

1) Definición de las funciones del equipo de planificación y de sus miembros con flexibilidad. Es decir, quiénes reciben y analizan los proyectos.

2) Definición de un sistema de coordinación con el Director de Planificación para orientar el trabajo del equipo a través de reuniones semanales.

3) Establecer un mecanismo que permita ofrecer los servicios del equipo ante todos los posibles clientes, además de divulgar los resultados y productos obtenidos a fin de garantizar la captación de nuevos clientes, promoviendo de este modo la elaboración de proyectos en todos los sectores.

4) Establecer un sistema de coordinación, comunicación y seguimiento con los organismos regionales y locales involucrados en el proceso de planificación.

5) Alternativas de Estructura:

- Comité de planificación con secretaría técnica tal como lo establecía el artículo 25 de la Ley de Transferencias de Competencias.

- Grupo de trabajo institucional con representación de todos los sectores, pero más informal que la opción anterior.

REGLAMENTO DE FUNCIONAMIENTO DEL GRUPO DE APOYO A LA GESTION DE LA DIRECCIÓN DE PLANIFICACIÓN Y PRESUPUESTO EN EL AREA DE PROYECTOS ESTRATÉGICOS DEL ESTADO

1) Para la constitución del grupo de apoyo se solicitará la designación de un representante de cada sector quien fungiría como enlace.

2) El grupo de apoyo funcionará bajo la coordinación de la Dirección de Planificación y Presupuesto a través de su propio equipo.

3) Para su funcionamiento se celebrarán reuniones periódicas en la División de Planificación.

4) Como instrumento de coordinación y seguimiento de los proyectos, se tomarán como base las matrices individuales, focalizando la columna de observaciones para reseñar los elementos indicadores de control.

5) Se estableció a la División de Planificación como centro receptor de toda la información pertinente, a la cual debía hacerse llegar, tanto por el director como por los enlaces de los diferentes sectores. Cabe destacar que esta información se refería a los avances y actualización de los proyectos, así como a la formulación de nuevas ideas, propuestas o proyectos en curso.

DECRETO PARA EL REGLAMENTO DE FUNCIONAMIENTO DEL GRUPO DE APOYO INTERSECTORIAL A LOS PROYECTOS ESTRATÉGICOS DEL ESTADO

CONSIDERANDO:

Que la ley de transferencia de competencias otorga a los Estados la potestad de diseñar políticas y emitir legislación en el área de planificación.

CONSIDERANDO.

Que el proceso de descentralización amerita para su consecución efectiva el fortalecimiento institucional y la modernización de los procesos de planificación y gestión local.

CONSIDERANDO:

Que los sistemas de planificación y evaluación de la gestión son básicos y fundamentales para orientar de manera estratégica la acción del gobierno regional.

CONSIDERANDO:

Que la actual gestión del gobierno de Sucre ha diseñado como respuestas a las demandas del entorno citadas a las propias necesidades del Estado un Plan Trienal de desarrollo para el período 1994-1996.

CONSIDERANDO:

Que el referido Plan Trienal requiere para su implementación de mecanismos, de seguimientos, control y evaluación.

CONSIDERANDO:

Que el éxito de ejecución de dicho plan tendrá mayor viabilidad con la participación de todos los sectores que conforman el espectro del Ejecutivo.

DECRETA:

1) La creación de un equipo de trabajo intersectorial de apoyo a los proyectos estratégicos del Estado.

2) Instalación de una base de datos de un Banco regional de proyectos.

DISPOSICIÓN GENERAL

Artículo 1.- El presente reglamento regirá la organización y funcionamiento del equipo de trabajo intersectorial y de la base da datos.

CAPITULO I

De la estructura del equipo

Artículo 2.- El director de planificación y presupuesto solicitará a los directores de organismos, en reunión de gabinete, la designación de un representante por sector para constituir el equipo de trabajo intersectorial o grupo de apoyo.

CAPITULO II

Del funcionamiento del equipo

Artículo 3.- El grupo de apoyo funcionará bajo la coordinación de la Dirección de la Planificación y Presupuesto a través del equipo de planificación, el cual hará las convocatorias para las respectivas reuniones.

Artículo 4.- El representante de cada sector fungirá de enlace entre el grupo de apoyo y el sector respectivo.

Artículo 5.- Las reuniones se celebrarán en la División de Planificación y su periodicidad será establecida por los integrantes del grupo de apoyo.

Artículo 6.- Se establece como centro receptor de toda la información pertinente a la División de Planificación, a la cual deberá hacerse llegar tanto por el Director de Planificación y Presupuesto, como por los enlaces de los diferentes sectores. Cabe destacar que la información se refiere a los avances y actualización de los proyectos, así como a la formulación de nuevas ideas, propuestas o proyectos mismos.

CAPITULO III

De la base de datos

Artículo 7.- La incorporación de proyectos en la base de datos corresponde a su identificación en torno a: Sector Presupuestario, Área Estratégica, Objetivos, Localización e instituciones responsables.

Artículo 8.- El seguimiento de los proyectos está referido a: Datos de la inversión, Contratos realizados, Montos causados y Montos pagados.

Artículo 9.- Para el seguimiento de los proyectos de las distintas áreas y sectores se elaborará un instrumento ajustado a la metodología de la base de datos, a los fines de que los representantes designados para el grupo de apoyo suministren la información a ser incorporada en los sucesivos seguimientos a cada uno de los proyectos.

Comuníquese y Publíquese

Dado, firmado y refrendado en el Palacio de Gobierno del Estado Sucre, en Cumaná, a los _____ días del mes de___________de 1994. Años 18 de la Independencia y 13 de la Federación.

Dr. Ramón Martínez Abdenur

Gobernador del Edo. Sucre

REFRENDADO:

Dr. Dalmiro Durán

Secretario General de Gobierno

84

REFRENDADO:

Lic. Arturo José Hurtado

Director de Administración

Anexo 8

ESTRATEGIA DE TRABAJO PARA DESARROLLAR EL PLAN TRIENAL

Establecimiento de un sistema de coordinación, comunicación y seguimiento entre las direcciones estadales, municipales, los organismos nacionales y los organismos regionales, involucrados en el proceso de planificación, a través de:

1.- Creación de un equipo de trabajo interinstitucional con representación de todos los sectores:

1.1.- El Director de Planificación y Presupuesto solicitó a los directores de organismos, en reunión de gabinete, la designación de un representante por sector para constituir el equipo de trabajo intersectorial, grupo de apoyo, con reuniones periódicas de coordinación, las cuales se están efectuando en la División de Planificación.

2.- El cumplimiento de las funciones específicas del grupo de apoyo a la gestión de la Dirección de Planificación y Presupuesto en el área de Proyectos Estratégicos del Estado:

2.1.- El representante de cada sector funge de enlace entre el grupo de apoyo y el sector respectivo.

2.2.- El grupo de apoyo seguirá funcionando bajo la coordinación de la Dirección de Planificación y Presupuesto, a través del equipo de planificación.

2.3.- Las reuniones periódicas se celebrarán en la Dirección de Planificación y Presupuesto.

2.4.- Se establece como centro receptor de toda la información pertinente a la División de Planificación, a la cual deberá hacerse llegar tanto por el Director, como por los enlaces de los diferentes sectores. Cabe destacar que la información se refiere a los avances y actualización de los proyectos, así como a la formulación de nuevas ideas, propuestas o proyectos mismos.

3.- La instalación de un Banco Estadal de Proyectos, contentivo de una base de datos directamente relacionada con:

3.1.- La incorporación de proyectos correspondiente a su identificación en cuanto a:

3.1.1.- Sector presupuestario.

3.1.2.- Area estratégica.

3.1.3.- Objetivos.

3.1.4.- Localización.

3.1.5.- Instituciones Responsables.

3.2.- Seguimiento de proyectos está referido a:

3.2.1.- Datos de la inversión

3.2.2- Contratos realizados.

3.2.3.- Montos causados y Montos pagados.

Para el seguimiento de los proyectos de las distintas áreas y sectores se elaborará un instrumento ajustado a la metodología del Banco Estadal del Proyecto, a los fines de que los representantes designados para el grupo de apoyo suministren la información a ser incorporada en los sucesivos seguimientos a cada uno de los proyectos.

Como aspecto final de la descripción de este proceso de planificación local implantado en el Estado Sucre, cabe destacar la efectividad de la metodología empleada, traducida en el logro de toda su implementación en el lapso de 9 meses, cuando la aspiración había sido proyectada para un período del 2 años.

DESCRIPCIÓN DE UNA EXPERIENCIA EXITOSA DE GESTION DE COOPERATIVA (CASO CECOSESOLA, EN BARQUISIMETO. ESTADO LARA)

Durante más de 40 años en el Occidente de Venezuela y alrededor del Organismo de Integración Cooperativa Cecosesola, se ha venido conformando un movimiento constituido por unas 60 organizaciones comunitarias con más de 15 mil asociados.

La experiencia llama la atención, entre otras cosas, por los volúmenes de operaciones logradas a pesar de haber atravesado una gravísima crisis económica en la década de los 80, cuando la institución llegó a acumular pérdidas equivalentes a 30 veces su capital. Sorprende también su manera abierta de organizarse sin líneas de mando, con la participación de todos, sin intermediación, además de la rotación de las tareas y las decisiones por consenso.

Entre las claves para comprender el cabe destacar, entre los elementos señalados, por la publicación de ese organismo titulada CONSTRUYENDO AQUÍ Y AHORA EL MUNDO QUE QUEREMOS, los siguientes: El proceso formativo se nutre de la cotidianidad trascendiendo la mera producción de bienes y servicios ya que se basa en ir generando una transformación personal y el desarrollo de las potencialidades de sus integrantes en el marco de un accionar colectivo. Dicho accionar se va convirtiendo en opción de vida para sus protagonistas, que no postergan la transformación de la realidad, sino que van construyendo aquí y ahora el mundo de relaciones solidarias que muchos anhelan.

De acuerdo a datos de la publicación citada, la cooperativa opera la funeraria más grande de la región larense. Su incipiente red de salud atiende más de 150 mil pacientes al año en 6 centros de salud comunitarios. Gestionan una red de producción y distribución de alimentos que abarca 5 estados de la República, constituyéndose en el sistema no gubernamental de mayor venta de alimentos al detal, de Centro Occidente.

A través de su propio sistema financiero sustentan la casi totalidad de sus actividades con criterios que han ido emergiendo en el proceso mismo. Los excedentes no se acumulan ni se reparten, sino que se invierten en servicios comunitarios.

Una de las reflexiones más importantes hechas en la publicación CONSTRUYENDO AQUÍ Y AHORA EL MUNDO QUE QUEREMOS, es que abundan los casos de una o más personas que se plantean lograr un crédito del Estado, legalizan la cooperativa con un puñado de amigos que generalmente hacen el papel de comodín y relativamente en poco tiempo logran la materialización del crédito. De allí en adelante se tiende a repetir el mismo cuento de siempre. Y que en el texto se denomina la cartera y consiste en que él o los que tuvieron la idea y se movilizaron para lograr el crédito, se consideran con el derecho a disfrutar lo obtenido. En muchos casos no se invierte el dinero en lo contemplado en el proyecto presentado. En otros casos ni siquiera se invierte y se utiliza para satisfacer caprichos personales.

De acuerdo con el documento de CECOSESOLA, gran parte de estos hechos no se denuncian, ya que el círculo de complicidad se cierra compartiendo una parte del crédito con los otros integrantes de la cooperativa. Se actúa dentro de los parámetros que tienden a ser aceptados socialmente. Más bien, no faltan quienes cuenten la historia orgullosos de su actuación, de lo vivos que fueron y otros se lo celebran.

El texto reseñado también advierte sobre nuestra viveza criolla, el facilismo e inmediatismo presente en nuestra cultura, es decir, el pónganme donde hay. También hace alusión a cómo el petróleo se convirtió en una fuente de riqueza que no requería mayores esfuerzos y su influencia en nuestra forma de ser.

En síntesis, plantea la publicación que la tendencia hacia el pillaje aparece acompañada por la alcahuetería, por una tapadera entre amigos y familiares cercanos, y que se trata de una tendencia emocional que se cubre frecuentemente con el manto de la solidaridad, pero que en todo caso representa una solidaridad parcelada, carente de visión global, reducida a su mínima expresión, al círculo íntimo de los allegados, en detrimento del resto de los integrantes.

Como consecuencia de lo planteado anteriormente, las tendencias al aprovechamiento individualista y a la alcahuetería no sólo se refuerzan mutuamente, sino que nutren y al mismo tiempo, se alimentan de una tendencia natural y espontánea hacia la nivelación. Se trata aquí, de la búsqueda de la igualdad a juro, la tan comentada tendencia igualitaria de los venezolanos. Una búsqueda de una igualdad concreta que se cubre con el manto de equidad o, visto desde otra perspectiva, una búsqueda de equidad que se reduce y se limita a una igualdad concreta.

Se trata de la tendencia a no celebrar el logro del otro ya que éste tiende a diferenciarnos. Es decir, una situación que evidencia una total tranquilidad debido a que los latinos, incluyendo a los venezolanos se encuentra en el fondo jalándose unos a los otros de manera que nadie logre salir a la superficie.

Según el análisis del texto de CECOSESOLA otro de los factores que limita las asociaciones cooperativistas en Venezuela es el individualismo tanto personal como grupal que tiende a desintegrar la relaciones de cooperación y solidaridad entre los seres humanos, generando un miedo y desconfianza acerca de las intenciones del otro.

Los factores que deben ser objeto de una transformación cultural para el éxito de un verdadero movimiento cooperativista en el país, serían los siguientes:

> Inclinación a la complicidad parasitaria.

> Tendencia individualista.

> Deseos de apropiación inmediatista de poder, riqueza y conocimientos.

> Miedo a las intenciones del otros.

> Desconfianza profunda.

> Inclinación a la competencia desleal.

> Inclinación a separa y parcelar.

> Tendencia a no reconocer el éxito del otro y ser más receptivo al que muestra actitudes minusválidas.

La reflexión del texto reseñado peca de humilde al señalar que no consideran que su experiencia sea replicable mecánicamente, ya que según ellos se trata de vivir un proceso transformador en el quehacer diario. Cada uno de esos intentos pueden ser diferentes según el momento cultural de los integrantes de un determinado grupo humano, de su disposición a cambiar y a cuestionar sus tendencias que no tratan de descalificar, sino de comprender para trazar caminos.

No se quiso finalizar la reseña del análisis socio cultural realizado por CECOSESOLA con respecto al perfil asociativo del venezolano sin incluir las siguientes citas: "Ir construyendo en pequeño la sociedad por la cual luchamos en grande" que aparece en la dedicatoria, además de la siguiente: "Lo humano no surge desde la lucha, la competencia, el abuso o la agresión, sino desde la convivencia en el respeto, la cooperación, el compartir y la sensualidad, bajo la emoción fundamental del amor" (Humberto Marturana – 1997).

Para fortalecer el brillante análisis planteado por la publicación CONSTRUYENDO AQUÍ Y AHORA EL MUNDO QUE QUEREMOS, se realizó una entrevista a uno de los miembros fundadores de CECOSESOLA. Se trata de José Alejandro Cambero Véliz, licenciado en Administración, de la Universidad Centro Occidental Lisandro Alvarado (UCOLA). Asociado fundador de la Cooperativa Jhon F. Kennedy, creada en 1963, como un homenaje a este ex presidente norteamericano a una semana de ser asesinado.

Se le consultó sobre los orígenes del movimiento cooperativo a nivel latinoamericano , en ese sentido señaló que surgió en Punta del Este, Uruguay, a través de una organización llamada Caritas, que apoyaba y apoya a los pobres a través de cooperativas. También se refirió al movimiento OVULO VOLUNTARIO DE LA COMUNIDAD, que dio impulso a las cooperativas en los años 60.

Luego, destacó la inserción de la actividad cooperativa larense en la cátedra Autodesarrollo de la (UCLA) como materia electiva, en la cual cada estudiante debe aprobar dos materias del área como requisito para graduarse. Según Cambero, se plantea extender dicha asignatura, que actualmente se dicta en el Decanato de Administración y Contaduría a otros decanatos, como por ejemplo el de Medicina, por el interés de captar profesionales de ese sector para un proyecto de salud que piensan desarrollar.

El entrevistado continuó diciendo que la crisis económica del ex presidente Rómulo Betancourt y la política que éste implemento frente al desembarco cubano en Machurucuto, zona del oriente del país, fueron los escenarios en los cuales surgió la primera cooperativa en el Estado Falcón, con subsidio del Estado.

"Los factores de éxito para constituir una cooperativa, son el autofinanciamiento y el sentimiento de asociación" agregó Cambero. También alegó que si no se hace de esta forma, al acabarse el dinero expiran y que las cooperativas son organizaciones de personas en esencia, no económicas ni de capital. Al consultarle sobre los requisitos que exigen a los asociados para su incorporación, alegó que primeramente requieren uno punto cinco de aporte de unidades tributarias, y que también es necesario la creación de su responsabilidad social. También expuso que dichas unidades tributarias constituyen el certificado de aportación o capital social de ahorro de la cooperativa y que cuando el socio se retira le es devuelto o transferido a su familia. Aclaro, que el mencionado certificado arrancó con 1.700 bolívares de capital y hoy en día pasa de 400 millones.

En lo referente a los excedentes, el entrevistado explicó "que los mismos se reparten a la comunidad" y que los socios disfrutan en la actualidad de los beneficios colectivos de servicios funerarios y de ferias de consumo. En este sentido expuso que los asociados compran en MERCAL, ente del gobierno bolivariano, con un 40% menos que en otros establecimientos, sin embargo, agregó que cuando no encuentran algún producto allí, lo van buscar en las Ferias de Consumo de CECOSESOLA.

En referencia a los factores de éxito del movimiento cooperativo fue muy claro al decir que se debe partir de necesidades sentidas tanto de las personas como de la comunidad, y que también "debe privar la administración colectiva en la que todos participan con autofinanciamiento y búsqueda de asesorías en las diferentes áreas que se pretenden cubrir".

En la inquietud por conocer cuáles son las diferencias fundamentales entre CECOSESOLA y las políticas de cooperativas del gobierno bolivariano, el Lic. José Alejandro Cambero, fue enfático en su respuesta "En el gobierno prevalece el individualismo sin sentido comunitario y no hay motivación y pertenencia a la cooperativa" y agregó que en la experiencia larense existe la figura de la gerencia colectiva como instancia de trabajo.

El individualismo lo ilustró el entrevistado señalando que cuando se efectúan proyectos de capacitación, financiados por el gobierno para que los reservistas constituyan cooperativas, en el área de electricidad, lo primero que estos hacen es preguntar por el dinero.

En lo referente a la parte educativa se pudo conocer que hay un incentivo para los miembros que son bachilleres, los cuales cuentan con tiempo para estudiar y se gradúan hasta de ingenieros.

Seguidamente el entrevistado hizo énfasis en que la visión de esta cooperativa larense es permanente, en tanto que la visión del gobierno es coyuntural. También explicó que la instancia de funcionamiento de CECOSESOLA es descentralizada y que sus asociados rinden cuentan a la organización. Añadió que constantemente se realizan evaluaciones personales y funcionales de los miembros para su mejoramiento. En este aspecto fue muy enfático al decir que cuando los asociados no encajan en esas evaluaciones morales y ética, se autocensuran y se retiran por si mismos.

En el interés por conocer la distribución del ingreso de las cooperativa Cambero explicó que 50% fortalece el capital social, 25% es para compra de equipos de logística y útiles y el 25% restante es un excedente a repartir colectivamente a la organización y sus colaboradores.

Al preguntar sobre un posible acercamiento entre CECOSESOLA y el gobierno bolivariano, en materia de cooperativas, se pudo conocer mediante palabras textuales del entrevistado "nos acusan de EGO, sufrimos el problema de la regulación de artículos del gobierno, en rubros como arvejas, huevos y caraotas, por lo cual tenemos que vender por debajo del costo de producción"continúo diciendo que, sin embargo, tienen ventas altas, formando economías de escala que alcanzan millardos a fin de año; por lo que los acusan de capitalistas.

Concluyó con que se han realizado reuniones con los superintendentes de cooperativas que siguen la línea del gobierno, pero no se ha consolidado ningún tipo de apoyo. "Es un error del gobierno tratar de sustituir la economía privada por el sistema de cooperativas".

En el conocimiento de que CECOSESOLA ha tenido dificultades en el presente y en el pasado se indagó sobre ellas, y Cambero trajo a colación que cuando el fenómeno del Caracazo ellos no cerraron sus ventas y a pesar de esto no fueron saqueados. Es más, señaló que mantuvieron los precios de sus productos, lo cual según él habla del carácter no especulatorio de la cooperativa. Esto, dijo, es una muestra de lo que es el verdadero servicio a la comunidad, el no pretender vivir de los demás y "que ellos predican con el ejemplo y cumplen con el racionamiento estipulado por el gobierno". Según, su parecer, esto constituye un valor de solidaridad y representa un factor motivante para la comunidad.

Con respecto a las dificultades actuales José Alejandro explicó que el gobierno bolivariano pretende darles un trato de empresa económica y lo ilustró con la obligación a que fueron sometidos para adquirir cajas registradoras fiscales, las cuales se requieren solamente para empresas que cobran IVA, que no es este caso. "Luego descubrimos que nos obligaron porque había un negocio entre el gobierno con las empresas fabricantes de dichas cajas", alegó.

Frente a las amenazas del gobierno de tratarlos como empresas económicas, CECOSESOLA, está haciendo lobby y buscando apoyo, con el Bloque Parlamentario de la Asamblea Nacional. En este aspecto se pudo conocer que han contactado ciertos personeros del gobierno que entiendan su labor para evitar dichas amenazas. "Sin embargo, pase lo que pase no nos quitarán nuestra intención de seguir trabajando" dijo Cambero Véliz.

En lo referente al futuro y los proyectos en marcha, se pudo conocer que actualmente la cooperativa participa en la Cátedra No.16, de la (UCLA) que se refiere al libre cooperativismo. En relación con esto el entrevistado argumentó que la finalidad de la cátedra es llevar a la Universidad la experiencia del pueblo a través de personas que no trabajan en ella y que también han promocionado dos eventos internacionales y se está preparando su participación en un tercero. "Tenemos otro convenio entre CECOSELA y la UCLA, mediante el cual brindamos asesoramiento para participar en comunidades", agregando que a cambio de esto se le solicitan cupos a fin de que los cooperativistas prosigan sus estudios universitarios.

REFERENCIAS BIBLIOGRÁFICAS

Banco Interamericano de Desarrollo/ Fonvis. Marco Lógico para

el Diseño y conceptualización de proyectos.   Curso Básico.

Caracas. 1996

Construyendo aquí y ahora el mundo que queremos. CECOCESOLA.
Escuela Cooperativa. Editorial Digesa Lara, S.A. 2007. Barquisimeto

Hernández Sampieri y Otros (2001). Metodología de la

Investigación. 2da. Edición. Caracas. Mc Graw Hill.

Manual para la presentación de Proyectos Comunitarios. Escuela

de Emprendedores. Apoyando a los emprendedores

sociales y económicos.

www.escueladeemprendedores.com.ve Caracas 2008.

Martínez, Miguel (2004). La Investigación Cualitativa Etnográfica

en Educación. Manual Teórico Práctico. México, Editorial

Trillas.

Martínez, Miguel (2002). Seminario Taller Sobre Metodología

Cualitativa.   Universidad Simón Bolívar.   Guión Universidad
Nacional Experimental Rómulo Gallegos. Núcleo Caracas.

Méndez, Charo (1998). Manual para la Formulación de Proyectos

Sociales. Programa de Capacitación y Desarrollo. Taller

acreditado por la Universidad Católica Andrés Bello.

Proyecto   Comunitario   María   Auxiliadora.   Argentina   (2002)
http//habitat.aq.upm.es/bpal/ONU00/bp361.html

Véliz, Arnoldo (2007). Crecer para triunfar. Editorial Texto.

Caracas.

Romberg, Maria M. (1998). Ensayo Confrontaciones y Tabues, respecto a
la sexualidad y a la apertura del yo interno, entre

47 estudiantes de Comunicación Social, de la Universidad

Central de Venezuela, en un espacio determinado. Caracas.

Véliz, Arnoldo (2008).   Cómo Hacer y Defender una Tesis.

Editorial Texto. Caracas.

Véliz, Arnoldo y Sonia Pineda (1994). Descripción del Proceso de Planificación y Gestión Pública Estadal Emprendido en la Gobernación del Estado Sucre. Cumana

Véliz, Arnoldo y Sonia Pineda (1994). Descripción del Proceso de Planificación y Gestión Pública Estadal Emprendido en la Gobernación del Estado Sucre. Cumana

INDICE